ACHTUNG, MÄDCHEN!

Die ticken doch nicht richtig! Nee, nur anders! Mädchen sind kompliziert, stressig, zickig und haben jede Menge Macken! Findest du? Dann bist du vermutlich ein Junge und hier genau richtig. Denn eigentlich sind die Mädels gar nicht so schlimm, wie sie dir manchmal scheinen. Im Gegenteil: Weil sie so anders sind, sind sie vielleicht auch so interessant. Dass Jungs sie trotzdem oft für Aliens vom anderen Stern halten, liegt einfach nur daran, dass Mädchen ...

* ... anders erzogen werden.
* ... eine andere Sprache sprechen.
* ... anders denken.
* ... anders fühlen.
* ... einen anderen Entwicklungsfahrplan haben.
* ... andere Fähigkeiten und Talente besitzen.

Alles klar? Nein? Genau deshalb findest du hier sozusagen eine »Gebrauchsanweisung« für die femininen Fremdlinge. Damit du nicht nur weißt, wie du mit ihnen umgehen kannst, sondern sie auch besser verstehst. Sodass du am Ende sogar ihre Macken mögen wirst. Schluss also mit den Geheimnissen rund um die Mädchen!

Alles, was Jungs dazu kennen müssen, ist eigentlich nur der spezifische »Bauplan« von Mädchen. Aber nicht zu früh freuen, denn es geht hier nicht um Äußerlichkeiten, sondern um die so genannten »inneren Werte«. Schließlich kann nur

derjenige mit technischen Tücken umgehen, der auch das Feintuning kapiert hat. Tatsächlich »funktionieren« Mädchen – mal ganz einfach gesagt – nicht sehr viel anders als vielleicht dein Mountain-Bike oder dein PC. Du musst sie gut pflegen und dich regelmäßig um sie kümmern, und schon läuft alles wie geschmiert! Das klappt – zumindest bei Bike und PC – am besten, wenn man die guten Stücke zwischendurch immer mal wieder in ihre Bestandteile zerlegt und die Schwachstellen überprüft.

Zerlegen

Genau das passiert auf den nächsten Seiten auch mit den Mädchen. Damit du endlich einmal unter die Lupe nehmen kannst, was dir bevorsteht, wenn du dich mit einer ihrer Art anfreundest und/oder dich sogar verlieben solltest. Ist doch gut zu wissen, wie du im Ernstfall Pluspunkte sammelst – und weißt, wie du ganz schnell merkst, ob es deine Traumfrau auch erwischt hat.

Analysieren

Logisch, dass sich echte Mädchenprofis auch dafür interessieren, wie sich die Mädels im Alltagsleben bewähren. Was du dabei alles beachten solltest, findest du in einer kleinen Programmübersicht (siehe »Das haben Mädchen drauf«) zu den wirklich wichtigen Dingen des Lebens, bei denen dir ein Mädchen über den Weg laufen könnte. Damit du endlich dahinter kommst, was abgeht, wenn sich Mädchen zu diesen ominösen Frauenabenden verabreden und dann kichernd die Tür hinter sich abschließen. Und damit du dir nicht mehr den Kopf darüber zerbrechen musst, was wohl so besonders an einer Damentoilette ist! Schließlich verschwinden Mädchen dorthin immer mindestens zu zweit. Klar, dass du dabei auch erfährst, wie Mädchen sich in einer Clique verhalten und ob Mädchen- und Jungscliquen überhaupt kompatibel sind!

Kapieren

Und in dieser Rubrik wird auch schonungslos geklärt: Warum sind Mädchen manchmal zu doof, um einen Fahrradreifen zu wechseln? Nutzen sie Jungs dabei nur aus oder haben sie wirklich keinen Plan von Technik? Dafür gibt's natürlich auch Dinge, die Mädchen einfach besser drauf haben als Jungs. Stress dich also nicht ab und glaub ihnen einfach, wenn sie mal wieder so ein »Bauchgefühl« haben – in puncto Intuition ist das weibliche Geschlecht nämlich unschlagbar. Genau wie beim Tanzen, Turnen, Zeichnen ...

Wenn's hakt

Den richtigen Überblick über den »Planet Girl« hast du allerdings erst, wenn du nicht nur weißt, wie Mädchen funktionieren, sondern wenn du merkst, wann das Programm hakt. Keine Panik mehr, wenn deine Angebetete zickt, denn mit der richtigen Strategie zur »*Fehlersuche*« navigierst du sie ganz schnell wieder vom Schmoll- auf Schmusekurs. Und wenn du dann auch noch weißt, warum sie nicht sagt, was sie denkt, und was sie meint, wenn sie redet, hast du ihren Kommunikationscode geknackt und verstehst endlich, wie du richtig gut mit ihr quatschen kannst.

Höchste Zeit also für die Frage nach dem »*Wo und Wie*«, denn schließlich musst du nur noch wissen, wann und wo das beste Stündchen für deine Kontaktaufnahme geschlagen hat. Damit du leichtes Spiel mit »Miss Supersüß« hast, findest du die Top Ten der coolsten Sprüche, auf die Mädchen WIRKLICH abfahren! Falls du dich allerdings bei der Auswahl des Mädchens mal »vergriffen« haben solltest, gibt's im letzten Kapitel wertvolle Tipps, wie du dein (Alp-)Traumgirl wieder loswirst, ohne verbrannte Erde zu hinterlassen. Das natürlich vor allem zu deinem Selbstschutz, denn wenn du dich schon mit den Aliens vom anderen Geschlecht einlässt, ist es gut zu wissen, dass sie dir auf alle Fälle ebenbürtig sind und heftige Geschütze auffahren können, wenn du sie fies behandelst. Aber das hast du ja nicht mehr nötig, sobald du die letzte Seite dieses Buches gelesen hast.

Denn dann bist du das, was garantiert jeder Junge früher oder später gerne sein möchte: ein echter Fachmann in Sachen Mädchen!

Der kleine Unterschied

Obwohl selbst Neugeborene sich anatomisch einwandfrei als Junge oder Mädchen ausweisen können, werden die Racker zusätzlich noch äußerlich auf ihr Geschlecht festgelegt und bereits im Kreißsaal entweder in Baby-Blau oder Baby-Rosa eingekleidet. Dabei sind die kleinen Schreihälse auch ganz leicht an ihrer Stimmlage zu identifizieren: Irgendwo im weiblichen Erbbauplan muss es eine Art »Kommando Kreisch« geben. Denn Mädchen schreien eindeutig nicht nur in höheren Stimmsphären, sie haben auch mehr Ausdauer beim Brüllen. Böse Zungen behaupten, dass sich da bereits das Zickengen durchsetzt. Manche Kinderärzte begründen dieses Phänomen mit unterschiedlich dicken Stimmbändern bei Mädchen und Jungen, sind sich aber nicht einig, wer die schmaleren bzw. breiteren hat. Nur Erziehungswissenschaftler halten das für Blödsinn! Obwohl auch sie zugeben, dass bereits in den ersten Lebensmonaten eine Festlegung beim Verhalten auf die unterschiedlichen Geschlechter passiert. Ganz einfach deshalb, weil – auch unbewusst – Mädchen und Jungs anders von ihren Eltern und nächsten Bezugspersonen behandelt werden. So haben Untersuchungen ergeben, dass mit Mädchen viel häufiger geschmust wird, während mit Jungs mehr getobt wird.

Auch in der Auswahl des ersten Spielzeugs wird zu typischen Mädchen- bzw. Jungsprodukten gegriffen. Großeltern, Onkel oder Tanten stehen besonders schnell mit der ersten Puppe oder dem ersten Auto vor der Tür. Wenn die Knirpse größer werden, orientieren sie sich automatisch am gleichen Geschlecht. Kleine Mädchen interessieren sich dabei für die Rolle von Mamas und spielen Küche und Co. Jungs schauen eher dem Papa über die Schulter und helfen beim Autowaschen oder Rasenmähen. Und in ihrer Freizeit gehen die Jungs lieber zum Fußball, während Mädchen gerne ins Ballett geschickt werden.

Unterschiedliche Entwicklungen werden allerdings nicht nur von Eltern und anderen Erwachsenen gefördert – bei verschiedenen Fähigkeiten bestimmen Mädchen und Jungs ihr eigenes Tempo! So glänzen Mädchen im Vorschulalter mit feinmotorischer Geschicklichkeit, sie können besser basteln oder malen, während Jungs eher als Grobmotoriker ihre Umgebung unsicher machen und schneller Fahrrad fahren lernen oder besser klettern können. Der Mix aus angeborenen und erworbenen »Qualitätsmerkmalen« bei Jungs und Mädchen führt also dazu, dass spätestens im Pubertätsalter Gemeinsamkeiten zwischen den Geschlechtern Mangelware sind.

Beim Antesten des unbekannten weiblichen Wesens sind deshalb ganz klar die Jungs im Vorteil, die (größere) Schwestern oder eine Menge Sandkastenfreundinnen haben. Im folgenden Test kannst du herausfinden, wie fit du schon im Umgang mit den Mädchen bist.

Wie viel Ahnung von Mädchen hast du?

Teste, ob du schon ganz gut weißt, wie Mädchen ticken, oder ob du sie noch mit vielen Fragezeichen in den Augen beobachtest. Kreuze bei jeder Frage die Antwortmöglichkeit an, die auf dich am ehesten zutrifft.

1 Hast du Schwestern?
   A Ja, davon mindestens eine ältere Schwester.
   B Nein.
   C Ja, eine (oder mehrere) jüngere.

2 **Was meinen Mädchen, wenn sie über Mascara sprechen?**

A Eine neue Latino-Boyband.

B Das könnte der Schlachtruf ihrer Cheerleader-Truppe sein.

C Wimperntusche.

3 **Warum gehen Mädchen immer gemeinsam auf die Toilette?**

A Na, aus dem gleichen Grund, warum Jungs das tun.

B Sie schminken sich.

C Sie trauen sich nicht alleine, weil sie auf dem Weg dorthin immer von so vielen anderen Jungs angequatscht werden.

4 **Warum checken Mädchen einfach nicht, was Abseits ist?**

A Wenn ich es vernünftig erkläre, checkt das jeder. Auch ein Mädchen!

B Weil Mädchen nicht logisch denken können.

C Weil Mädchen keinen Bock auf Fußball haben und ihnen in Wirklichkeit völlig egal ist, was Abseits bedeutet.

5 **Du bist mit einer Freundin fürs Kino verabredet. Das Problem: Sie will sich eine Love-Schnulze ansehen, du stehst mehr auf Action-Filme. Wer gewinnt?**

A Na ja, wenn ich sie sehr mag, gebe ich nach.

B Immer sie. Weil ich genau weiß, dass sie mich während des ganzen Action-Films sonst damit nervt, dass sie nicht kapiert, was abgeht.

C Wir losen.

6 **Weißt du, warum Mädchen mindestens zehnmal hintereinander ihren Lieblingssong hören können?**

A Null Ahnung. Ist mir auch egal, wenn ich nicht mithören muss.

B Da steckt irgend so ein romantisches Zeug dahinter. Wahrscheinlich träumen sie davon, wie sich ihr Lieblingsstar in sie verknallt.

C Weil sie – was ich meistens nicht nachvollziehen kann – die Musik klasse finden.

7 **Du bist mit einem süßen Mädchen verabredet. Eigentlich kennst du sie nur lässig in Jeans und T-Shirt, und auf einmal läuft sie total geschminkt und richtig aufgemotzt mit engem Top und XS-Mini auf. Deine Gedanken?**

A Mist. Ich hab mich wohl in ihr getäuscht.

B Bei ihrem Outfit hat sie diesmal komplett danebengegriffen – vielleicht, um mich zu beeindrucken?

C Sie läuft garantiert immer so rum, wenn sie ausgeht. Wahrscheinlich um sich älter zu machen, damit sie in die Disco reinkommt.

8 **Was mögen Mädchen, wenn sie von einem Jungen angesprochen werden?**

A Bloß nicht irgendeine Plattheit wie: »Ich glaub, ich kenn dich ...«

B Nix Aufdringliches wie: »Willst du mit mir gehen?«.

C Dass man einfach nett rüberkommt.

Auswertung

Prüfe, welche der Antworten du angekreuzt hast, notiere die dazugehörigen Punkte aus der nebenstehenden Tabelle, zähle sie zusammen und lies dann unter der errechneten Punktzahl nach, was auf dich zutrifft.

	A	B	C
1	5	1	3
2	1	3	5
3	5	3	1
4	5	1	3
5	5	3	1
6	3	5	1
7	1	5	3
8	3	1	5

ACHTUNG, MÄDCHEN!

24 bis 29 Punkte

Au weia, Mädchen sind dir noch ziemlich fremd. Du würdest eher einen Alien der Borgs aus Star Trek verstehen als ein Mädchen. Ihr Verhalten findest du nämlich nicht nur merkwürdig, sondern äußerst mysteriös. Das liegt weniger daran, dass du dich nicht für Mädchen interessierst oder aber Mädchen dich total unspektakulär finden – Grund für deine kleine Wissenslücke ist vermutlich eher, dass du zu wenig Gelegenheit hattest, Zicken oder Zauberfeen auf den Zahn zu fühlen. Entweder hast du nur kleinere Schwestern, von denen du nicht wirklich viel lernen kannst. Oder aber du warst bisher viel zu sehr mit deinen Hobbys beschäftigt, bei denen du mehr auf Jungs als auf Mädchen getroffen bist. Klar, dass du dich so wunderst, warum ein Mädchen dich eben noch angelacht hat und Sekundenbruchteile später stinksauer auf dich ist. Oder du gar nicht kapierst, warum eine Mitschülerin, die du ganz harmlos nach den Hausaufgaben fragst, einen hochroten Kopf bekommt und mit ihrer Freundin kichernd abzieht. Das sind alles (noch) ungelöste Rätsel. Weil du aber in den Startlöchern stehst und wirklich bereit bist, Mädchen samt Macken kennen zu lernen, wirst du sie sicher bald sogar richtig mögen.

30 bis 35 Punkte

Deine ersten Erfahrungen mit Mädchen hast du bereits gemacht. Allerdings ist dir noch nicht ganz klar, ob es gute oder schlechte waren. Wahrscheinlich bist du mit Schwestern aufgewachsen und kannst über das eine oder andere Mädchengeheimnis nur müde lächeln. So findest du es auch nicht spannend, warum Mädchen vor einer Verabredung den Inhalt ihres kompletten Kleiderschranks durchprobieren und auch vor der Garderobe der Freundin nicht Halt machen. Klar ist dir auch, warum der Erfinder eines zweiten Badezimmers sicherlich an Mädchen gedacht haben muss. Aber wenn es jedoch darum geht, einem Mädchen, das dir gefällt, gegenüber zu stehen und mit ihm dann auch noch Small Talk zu halten, versagen deine Kenntnisse. Dann weißt du nicht, ob es zittert, weil es nervös ist oder weil ihm einfach kalt ist. Und du hast keine Ahnung, ob du ihm wirklich von deinem letzten Fußballspiel und deinem grandiosen Sturm auf das gegnerische Tor erzählen sollst. Denn was Mädchen, die du magst, wirklich mögen, musst du erst noch austesten.

36 bis 40 Punkte

Hey, du scheinst ein richtiger Fachmann zu sein. Zumindest lässt du dir von den Mädels so schnell nichts vormachen. Weder Mascara noch Mädchenabende sind dir fremd. Vermutlich, weil du bei deiner großen Schwester ab und zu durchs Schlüsselloch blinzelst, wenn sie ihre Freundinnen über Nacht zu sich einlädt. Pech nur, dass es dabei gar nicht so viel zu sehen gibt. Entweder sie schauen sich einen Liebesfetzen im Fernsehen an, um danach gemeinsam in die Kissen zu heulen. Oder aber sie quatschen die ganze Nacht durch. Bloß: Warum machen die das und was reden die dann? Genau das erfährst du auf den nächsten Seiten. Und das findest du garantiert auch super spannend – nicht, weil du dich darüber lustig machen willst, sondern weil du wirklich gerne verstehen möchtest, wie so ein Mädchen tickt. Ganz klar, um dir (und ihr) das Leben (und die Liebe) leichter zu machen.

DAS HABEN MÄDCHEN DRAUF!

Freundinnen – so und so

Der bisherige Kontakt zu Mädchen rührt noch aus deiner Zeit als bester Baggerfahrer im Sandkasten des Kindergartens. Dass es allerdings (immer noch) weibliche Wesen gibt, erscheint dir plötzlich wie eine Neuentdeckung. Und nun?

COOL ALS KUMPEL

Können Mädchen und Jungs wirklich miteinander befreundet sein? Also wie beste Kumpel durch dick und dünn gehen? Klar geht das! Zumindest im Kindergartenalter, denn im Sandkasten geht es mehr um Förmchen als um Formalitäten. Auf Letztere achten Mädchen aber schon ganz gerne, sobald sie die Grundschule hinter sich gelassen haben. Denn dann heißt es »Liebe oder Lästern«.

Kurzum: Mädchen wollen normalerweise mit einem Jungen gehen oder ihn in die Wüste schicken. Wenn sich trotzdem zwei gefunden haben, die auf einer Wellenlänge sind, ohne dass es gefunkt hat, können Clique und Co. ganz schön nerven. Weil natürlich jeder glaubt, dass entweder er oder sie zumindest heimlich in den anderen verknallt ist.

Vor allem ihre Freundinnen können es sich kaum vorstellen, dass ein Junge einfach nur deshalb gerne mit einem Mädchen unterwegs ist, weil sich die beiden super verstehen und weil sie total gut miteinander quatschen können. Wie die Hyänen lauern die Freundinnen deshalb darauf, zumindest winzige Anzeichen

von Verliebtheit oder zumindest Flirtsignale zu orten.
Und wenn das alles nichts hilft, wird ihr eben ein-
geredet, dass sie (oder er) verliebt sein MUSS!

Kein Wunder, dass rein platonische Beziehungen
zwischen Jungs und Mädchen ziemlich stressen
können. Warum es sich trotzdem lohnt, das
Abenteuer »Kumpel-Freundin« auf sich zu
nehmen, erfährst du gleich.

10 Gründe für eine gute Freundin

1 Weil du durch sie erfährst, wie Mädchen wirklich ticken.

2 Weil sie so viele süße Freundinnen hat.

3 Weil sie prima vermitteln kann, wenn du dich in eine ihrer Freundinnen verknallt hast.

4 Weil sie vermutlich weiß, was wirklich dahinter steckt, wenn deine Freundin zickt.

5 Weil sie den besseren Modegeschmack hat und gerne als Einkaufsberaterin mit dir durch die Geschäfte geht.

6 Weil du mit ihr problemlos auch mal einen romantischen Liebesfilm anschauen kannst.

7 Weil sie immer ehrlich zu dir sein kann, denn du bist ja kein Konkurrent.

8 Weil sie auf Partys immer ein super Alibi ist, wenn dich ein aufdringliches Mädchen nervt. Und weil sie sich rechtzeitig verzieht, wenn du ein echtes Flirtopfer im Visier hast.

9 Weil du mit ihr am Telefon länger als eine Minute quatschen kannst.

10 Weil sie nicht beleidigt ist, wenn du dich mit deinen Freunden zum Fußball verabredest.

Mädels mit kleinen Marotten

Eine gute Freundin ist keinesfalls nur zweite Wahl – weil gerade kein Kumpel Zeit hat oder weil es bei ihr für die große Liebe eben nicht reicht. Mädchen eignen sich durchaus prima, um richtig Spaß zu haben. Vorteile: Du kannst mit ihnen im Fitness-Studio sporteln, ohne ständig die Muskelmasse zu vergleichen. Auf Bike-Touren darfst du auch mal einen gemütlicheren Gang einlegen, weil es endlich nicht darum geht, das Zweirad auf Warp-Geschwindigkeit zu trimmen.

Selbst von Computern haben Mädchen inzwischen Ahnung! Würdest du eine Freundin auf eine LAN-Party mitnehmen, spielt sie garantiert statt Mäuschen mit ihrer Maus und gleich danach deine Kumpels an die Wand! In der Clique sorgen Mädchen zudem gerne für Action und sie haben tolle Ideen gegen langweiliges Abhängen.

Hört sich doch alles ziemlich gut an, oder? Doch zugegeben: Jungs, die sich einen weiblichen Kumpel zulegen, müssen sich auch auf einiges gefasst machen, was im männlichen Bauplan nicht vorgesehen ist. Trotz Kumpelkompatibilität kann sich ein Mädchen schnell in ein Monster verwandeln. Und zwar einfach nur deshalb, weil Mädchen schon mit kleinen Macken Jungs große Angst machen können. Wenn du mit einem Mädchen befreundet bist, musst du mit einigem rechnen …

Endlostelefonate

Du wirst nicht drum herum kommen: Sobald ein Mädchen dich als seine »beste Freundin« ausgewählt hast, kannst du schon einmal mindestens eine Stunde in deinem täglichen Stundenplan für es reservieren. Denn egal, ob ihr euch treffen könnt oder nicht – sie wird dich gnadenlos mit dem Telefon verfolgen. Ganz einfach, weil Mädchen alles, was sie erleben, GLEICH mitteilen wollen. Und Mädchen erleben wirklich viel! Egal, ob die Nachbarin von links plötzlich einen Mantel trägt, dessen Fellkragen verdächtig nach der verschwundenen Katze der Nachbarin von rechts aussieht. Oder ob der Mathepauker mit der Physiklehrerin im Eiscafé gesichtet wurde, obwohl er mit der Schulsekretärin und sie mit dem Sportreferendar zusammen ist. Oder ob ihre beste Freundin total verknallt in einen Kumpel des Freundes seines Bruders ist.

Böse Zungen behaupten, dass Mädchen immer gleich alles loswerden wollen, weil ihnen mangels Gehirnmasse entsprechende

Speicherkapazitäten fehlen. Nichts als gemeine Gerüchte! Tatsache ist, dass Mädchen mit offenen Augen durch die Welt spazieren, vielseitig interessiert sind und auch andere an ihren Erlebnissen teilhaben lassen. Und dass Mädchen alles andere als Prinzipienreiter sind. Das, was manchem als lästiges Gequassel auf die Nerven geht, ist der intelligente Versuch, sich mit anderen Ansichten eine möglichst objektive Meinung von einer Sache zu bilden. Deshalb hast du auch nur zwei Möglichkeiten. Entweder: Du akzeptierst ihre Anrufe und hörst gespannt zu. Oder: Du akzeptierst ihre Anrufe und lernst dabei Englisch-Vokabeln. Schließlich weißt du ja, dass du frühestens nach 15 Minuten das erste Mal zu Wort kommst.

Heulausbrüche

Nichts deutet auf die herannahende Katastrophe hin: Ihr seid auf einer Party und amüsiert euch blendend, sitzt im Café und quatscht über Gott und die Welt oder bummelt durch die City. Und plötzlich bricht es aus ihr heraus wie aus einer geplatzten Wasserleitung. Sie heult, als wolle sie mit den Niagarafällen konkurrieren. Und du hast null Ahnung, was passiert ist. Hat sie eine Allergie gegen den Kartoffelsalat des Gastgebers, bist du ihr versehentlich auf den Fuß gestiegen, oder weint sie nur deshalb, weil die Schuhe, die sie sich letzte Woche für drei Taschengeldmonatsgehälter geleistet hat, um die Hälfte im Preis reduziert sind? Doch während du panisch das ganze Programm runterspulst und nach der richtigen Trösteinstellung suchst, hat sie sich vermutlich schon wieder beruhigt.

Mädchen sind nämlich wahre Meisterinnen im Tränenvergießen. Sie können beim Anblick eines jaulenden Hundebabys, das vor dem Supermarkt auf sein Frauchen wartet, genauso losheulen wie bei einem zufälligen Treffen mit dem Ex-Freund. Wobei es noch nicht einmal eine Rolle spielt, ob er sie vielleicht sogar richtig rüpelhaft behandelt hat. Was Jungs aber überhaupt nicht checken: Mädchen flennen auch vor Freude! Selbst wenn er ihr ein total süßes Kompliment macht, können die Tränen plötzlich kullern. Das beste Anti-Schluchz-Mittel: Sie in den Arm nehmen und einfach mit den magischen Worten: »Es wird alles gut!« beruhigen.

Lachattacken

Es ist fast so wie beim Heulen: Genauso wie Mädchen die Tränen fließen lassen können, sind sie auch in der Lage, loszulachen, dass die Wände wackeln. Solltest du einmal in den Genuss dieses beinahe hysterischen Gekichers kommen, nimm dir Zeit! Denn unter Umständen kann es minutenlang dauern, bis sie wieder einen normalen Satz herausbringt, ohne sich dabei vor Lachen zu biegen. Logisch: Lachen ist gesund und macht schön. Aber das ist nicht der Grund, warum Mädchen manchmal einfach platzen. Psychologen glauben: Mädchen haben viel weniger als Jungs Gelegenheit, sich ein wenig daneben zu benehmen. Während Jungs wild fluchen oder sich raufen dürfen, ohne dass gleich jemand sauer wird, müssen Mädchen immer adrett rüberkommen. Das ist übrigens nicht nur ein erwachsener Verhaltenskodex. Selbst Mädchen erwarten von anderen Mädchen, dass sie bei Zoff nicht gleich die Zähne zeigen oder Fehler mit Fäusten korrigieren. Die einzige Chance, sich mal richtig gehen zu lassen: Ablachen, bis der Arzt kommt. Je nachdem, wie lange so eine Laugh-Parade zurückliegt, kann es dauern, bis sich das Zwerchfell beruhigt.

Diätwahn

Der Bauch zu wabbelig, der Po zu breit, die Oberschenkel zu dick! Warum müssen Mädchen ständig an ihrer Figur herummäkeln? Und warum haben sie immer wieder diese Phasen, wo sie den ganzen Tag mit mürrischer Miene an einem trockenen Knäckebrot knabbern? Und noch schlimmer: Warum fragen sie dich immer wieder, ob du sie nicht auch zu dick findest? Was dir vermutlich herzlich egal ist, schließlich magst du sie nicht wegen ihrer Barbie-Beine, sondern wegen ihres klugen Kopfs. Ist ein Mädchen auf dem Diättrip, musst du sie aber auch nicht gleich in eine Therapie für Magersüchtige schicken. In den meisten Fällen gehören regelmäßige Hungerkuren zum ganz normalen weiblichen Wahnsinn, vielleicht weil die Figur von Claudia Schiffer selbst schlaue Mädchen manchmal neidisch macht.

Für Jungs heißt Diät: einfach abschalten! Ignoranz ist also angesagt. Finde sie weder zu dick noch zu dünn und hülle dich in puncto Schlankheit in charmantes Schweigen. Beenden kannst du diesen Spuk am besten, wenn du merkst, dass sie dir mit Blicken die Gummibärchen aus der Tüte beamt. Spätestens dann reicht ein kleiner Du-hast-aber-abgenommen-Kommentar, sodass sie dankbar mit der Diät aufhört!

Nachteil Vorurteil

Es gibt auch eine ganze Menge
Märchen rund um Mädchenmacken.
Genauso, wie Blondinen nicht immer gleich
blöd sind, sind Mädchen nicht immer ...

✸ ... unpünktlich! Du musst nur von Anfang an eine
halbe Stunde später als verabredet erscheinen.

✸ ... genervt, wenn du von Fußball redest! Du solltest
sie aber sofort auf besonders knackig gebaute Spieler
hinweisen.

✸ ... technisch völlig unbegabt! Oder glaubt sie dir
etwa nicht, dass du ihren Fahrradreifen perfekt
geflickt hast?

✸ ... orientierungslos! Sie haben nur ein anderes
Verständnis von Himmelsrichtungen, und
wenn sie eine Landkarte oder einen
Stadtplan lesen, gilt: Der Weg ist das
Ziel! Ankommen kann schließ-
lich jeder!

So kommst du als Kumpel an

Wenn du findest, dass es mehr Vor- als Nachteile hat, sich eine richtig gute Freundin zu suchen, solltest du natürlich auch wissen, wie du bei den Mädchen (platonisch) punkten kannst. Hier findest du alles, was Mädchen an einer Freundschaft mit Jungs toll finden. Und was du lieber für dich behalten solltest ...

IN

* Ein Bussi zur Begrüßung oder Jungs, die auch mal Gefühle zeigen können
* Ehrlichkeit oder Jungs, die nicht immer den Helden spielen müssen und auch mal eine Niederlage zugeben können
* Aufmerksamkeit oder Jungs, die ihre Ohren nicht gleich auf Durchzug stellen, wenn sie mal über ein paar Gerüchte ablästern will
* Interesse am »Planet Girl« oder Jungs, die nicht fragen, ob man Hotpants essen kann

OUT

* Flirt-Maniacs oder Jungs, die ihre beste Freundin links liegen lassen, sobald sie ein Opfer zum Anbaggern gefunden haben
* Prollige Protze oder Jungs, die heimlich Papis Playboy lesen und dann die Storys als ihre eigenen Erlebnisse verkaufen
* Besserwisser oder Jungs, die immer so tun, als wäre jedes Mädchen blond und blöd
* Null Bock oder Jungs, die alles superlangweilig finden, nur um möglichst cool zu erscheinen

MÄDCHEN UND LIEBE

Spätestens wenn sich die Sandkastenfreundin zur selbstbewussten Schönheit entwickelt hat, merken Jungs oftmals, dass es so manches Mal abenteuerlich im Bauch kribbelt, sobald sie einen Blick auf das Mädchen riskieren. Ist das passiert, gibt es für Schwindelgefühle, Herzrasen und Zitterknie nur eine Diagnose: Du bist verknallt.

Echte Spezialisten unter den Jungs glauben fest daran, dass Liebe sowieso die einzige Möglichkeit sei, mit einem Mädchen klarzukommen. Na ja, vielleicht nicht wirklich die einzige, aber zumindest die häufigste und sicher auch eine der angenehmsten. Denn glücklicherweise sorgt die Pubertät nicht nur für Pickel, sondern auch für Power in puncto Gefühle.

Hormönchen

Ganz nüchtern betrachtet ist der Liebes-
rausch bei Jungs und Mädchen nichts anderes
als eine chemische Formel. Nachdem der Traum-
partner die erste Hürde überwunden hat und auf opti-
sche Merkmale geprüft worden ist, schaltet der Körper
auf Liebesprogramm und schüttet einen Cocktail voller
Glückshormone aus. Unter anderem sorgt beispielsweise
Adrenalin dafür, dass du ziemlich aufgeregt bist und vor
Nervosität vielleicht keinen Ton mehr rausbringst. Das
Happy-Hormon Serotonin ist zudem verantwortlich für
deine verliebten Blicke mit strahlenden Augen. Trotzdem
versuchen frisch Verliebte, diesen Ausnahmezustand
zunächst geheim zu halten. Weil man dem anderen am liebsten erst dann seine Gefühle offen-
baren möchte, wenn klar ist, dass es
ihm genauso geht.

Pech, dass sich Gefühle nicht immer ganz verstecken
lassen. Noch mehr Pech aber, dass die Signale, mit denen Mädchen zeigen, dass es sie erwischt hat, sich von
denen der Jungs ziemlich unterscheiden. Und das
kann ganz schnell für Missverständnisse sorgen. So
denkt ein Junge vielleicht, sie sei in ihn verknallt, weil
sie ihn immer wieder abblitzen lässt. Doch das ist eine
typische Strategie von verliebten Jungs – Mädchen
dagegen zeigen nur dann ihre kalte Schulter, wenn
sie der Kerl, der sie anbaggert, wirklich völlig cool
lässt. Höchste Zeit also, zu verraten, woran Jungs
erkennen, dass ihre Auserwählte sie für den absoluten Traumprinzen hält.

Die geheimen Liebessignale der Mädchen

Alarmstufe Rot!

Wenn es einem Jungen mal passieren sollte, dass er rot wie eine Tomate wird, liegt das entweder daran, dass er vor dem Fernsehapparat mit Michael Schumacher und seinem roten Ferrari beim Kampf um den Weltmeistertitel mitgefiebert hat. Oder dass er gerade einen 10-Kilometer-Waldlauf hinter sich hat. Mädchen dagegen werden auch dann rot, wenn ihnen die Liebe zu Kopf steigt. Wenn sie also in deiner Gegenwart immer mal wieder »Farbe bekennt«, kannst du ziemlich sicher sein, dass es bei ihr gefunkt hat. Bei ihr schlägt das Power-Hormon Adrenalin gnadenlos zu und kurbelt ihre Durchblutung richtig heftig an.

Haarige Zeichen!

Selbst in dem angesagtesten Club der Stadt wirkt sie super gelangweilt, starrt Löcher in die Luft und dreht seelenruhig an einer Haarsträhne. Logisch, dass du nun glaubst, sie würde wohl lieber fernsehen als flirten. Falsch! Hier heißt es für dich: Ran an das Mädchen! Ihre Langeweile-Show ist nämlich nichts anderes als ein Lockmittel. Haare drehen heißt übersetzt: »Seit ich dich gesehen hab, bin ich total nervös. Wann kommst du endlich her und quatschst mich an?«

Durchblick

Sie steht schon eine ganze Weile in deiner Nähe und tut so, als ob du Luft bist? Egal ob auf dem Pausenhof oder in der Disco – Mädchen beherrschen es perfekt, durch den Jungen, den sie süß finden, einfach hindurchzusehen. Und zwar immer dann, wenn das Risiko besteht, dass sich ihr Blick mit seinem trifft. Schaut ein Mädchen demonstrativ an einem Jungen vorbei, ist das ein sicheres Zeichen dafür, dass sie sich total für ihn interessiert. Bevor sie allerdings den ersten Schritt macht (falls ihr der Junge nicht zuvorkommt), will sie jedoch möglichst unauffällig prüfen, ob er auch an ihr interessiert ist. Und weil Jungs ja Augenmenschen sind, kann sie das blitzschnell an seinen Blicken erkennen.

Noch mehr Gefühlsverräter!

Ein Mädchen ist verknallt, wenn es ...

✽ ... regelmäßig mit ihrem Freundinnen-Rudel an seinen Lieblingsplätzen auftaucht.

✽ ... nervös kichert, sobald sie ihn sieht.

✽ ... jedes Wochenende in der Disco mit einem neuen Outfit in seiner Nähe tanzt.

✽ ... in seiner Gegenwart ständig peinliche Situationen erlebt und ihr z. B. an der Supermarktkasse der Geldbeutel auf den Boden fällt, weil er hinter ihr steht.

✽ ... in seine Klasse geht und sich ihre mündlichen Leistungen plötzlich dramatisch verschlechtern, weil sie keinen Ton rausbringt, sobald er sie ansieht.

✽ ... freiwillig auf dem Fußballplatz auftaucht, um ihn anzufeuern. Und das, obwohl sie niemals begreifen wird, warum er sich mit 21 anderen Jungs um einen Ball zofft.

✽ ... plötzlich supernett zu seinem Kumpel ist – mit dem Hintergedanken, dass er dann den Liebesvermittler spielt.

Liebesbeweise

Vorurteil oder echter Unterschied? Mädchen gelten als gefühlsbetont und romantisch, Jungs sollen dagegen realitätsbezogen und nüchtern sein. Diese kleine Macke im unterschiedlichen Gefühlsprogramm der Geschlechter kann schnell zu Pannen in einer Beziehung führen. Mit geschickten Aufmerksamkeiten können Jungs aber schnell dafür sorgen, dass die Liebe mit ihr perfekt funktioniert. Diese Liebesbeweise erwarten Mädchen:

Reden, reden, reden ... Auch wenn es Jungs nervt – Mädchen wollen am liebsten täglich über ihre Beziehung reden. Entweder weil sie etwas nervt oder weil sie ihr Glück auch verbal mit dem Freund teilen wollen. Wenn du findest, dass in eurer Liebe alles im Lot ist, kannst du deine Freundin aber leicht austricksen und sie einfach auf ein anderes Thema umlenken. Garantiert überrascht wird sie sein, wenn du dich ausführlich nach ihrem Tag erkundigst. Und wenn sie dann noch von ihrer besten Freundin und deren Stress mit Typen erzählt, reicht ein eingeworfenes »Ehrlich, hat sie wirklich?« oder ein »Find ich aber nicht gut von ihr«, um sie komplett zu begeistern. Vorteil: Sie freut sich, dass du ihr zuhörst. Und du freust dich, dass du ihr nicht wieder tausendmal beteuern musst, wie gern du sie hast.

Telefon-Joker: Richtig Pluspunkte können Jungs bei ihrer Freundin sammeln, wenn sie ihr eine süße SMS aufs Handy schicken oder einfach kurz anrufen, um ihr zu sagen, wie sehr sie sie vermissen. So gibt es beim nächsten Date garantiert keinen Stress, weil er angeblich zu wenig Zeit für sie hat. Ganz einfach deshalb, weil es für Mädchen nicht so wichtig ist, wie viel Zeit sie mit ihrem Freund verbringen, wenn sie sich sicher sind, dass er ständig an sie denkt.

Küsschen vor den Kumpels: Volltreffer, wenn Jungs so cool sind, dass sie ihre Freundin ganz locker auch vor den Kumpels knutschen können. Viele Mädchen ärgern sich nämlich darüber, dass er so tut, als ob er sie nur flüchtig kennen würde, sobald die Clique auftaucht. Ganz ehrlich, Mädchen brauchen diese öffentlichen Liebesbeweise nicht immer nur, um sicherzustellen, dass er sie immer noch mag. Oft ist ihnen auch wichtig, den Freundinnen zu zeigen: »He, seht her, was ich für 'nen süßen Typen hab!«

Feelings für das Besondere: An den Tag denken, an dem ihr euch kennen gelernt habt, ist keine Kunst. Den Termin kannst du in deinem Computer einspeichern und dich dann erinnern lassen. Logisch, dass sie also von dir erwartet, dass du euer einwöchiges, zweimonatiges oder halbjähriges Zusammensein feierst. Beeindrucken wirst du sie allerdings dann, wenn du sie mit einem kleinen Geschenk überraschst, weil ihr genau 2 764 800 Sekunden zusammen seid (umgerechnet einen Monat und einen Tag).

Flower Power: Auch wenn es Mädchen niemals vor einem Jungen zugeben würden – sie freuen sich einfach riesig über ein kleines Blümchen. Ist es auch noch eine rote Rose, triffst du ihren Sinn für Romantik, und sie wird vor Glück vor dir niederknien und – egal, was du vorher verbrochen hast – ihre Stacheln ganz schnell einziehen.

MÄDCHEN UND IHRE FREUNDINNEN

Eins muss dir klar sein. Zu deiner besten Freundin gehört immer ihre beste Freundin. Im Grunde genommen unterscheidet sich eine Mädchenfreundschaft nicht sehr von den Qualitäten einer Jungenfreundschaft: Vertrauen, gegenseitige Unterstützung, Spaß. Sei froh um die beste Freundin, denn sie erspart dir einen Großteil von dem, was dich vielleicht langweilen oder überfordern würde.

Das mögen Freundinnen

Die Nacht durchquatschen!

Am besten aneinander gekuschelt unter einer Bettdecke. Denn das ist nicht nur richtig gemütlich, sondern auch der Beweis für echte »Freundinnenschaft«. Die Nähe macht es möglich, dass Mädchen sich alles sagen können – auch Negatives –, ohne dass die andere gleich beleidigt ist.

Gemeinsam sporteln!

Ohne neugierige Jungenaugen geht das viel besser. Denn wenn Mädchen sich unbeobachtet fühlen, können sie sich beim Fitnessprogramm richtig schön verausgaben. Weil es keine Rolle spielt, ob der Jogginganzug ausgeleiert ist. Und weil keiner dumm fragt, was eigentlich Problemzonen sind (die kleinen Pölsterchen, die in engen Tops doppelte Wirkung zeigen).

In Mutters Klatsch-Zeitschriften stöbern!

Weil kein Junge wissen will, was George Clooney so unwiderstehlich macht. Und weil Mädchen bei Berichten über Prinzessinnen wie Mette-Marit von Norwegen oder Máxima von den Niederlanden herrlich von ihrem eigenen Traumprinzen schwärmen können.

Anonyme E-Mails an Jungs verschicken!

Weil sich Mädchen mit dem Computer besser auskennen, als Jungs denken. Und weil es einfach zum Totlachen ist, dass Jungs immer wieder darauf reinfallen und der vermeintlichen Verehrerin auch noch höchst neugierig antworten.

Telefonieren, bis die Drähte glühen!

Auch wenn sie den ganzen Nachmittag schon miteinander verbracht haben. Weil es noch so viel gibt, was nicht gesagt worden ist. Und weil sie es superwichtig finden, dass der süße Typ aus ihrer Lieblingssoap eine neue Frisur hat. Ganz bizarr: Mädchen telefonieren sogar miteinander, während sie sich einen Film anschauen. So können sie gleich ihre Meinung zu der Handlung austauschen.

Klamotten tauschen!

Weil so die eigene Kleidersammlung kostenlos vergrößert wird. Und weil sie hoffen, dass sie in der coolen Hüfthose mit 70er-Jahre-Schlag genauso viel bewundernde Blicke ernten wie letztes Wochenende die eigentliche Besitzerin des guten Stücks.

Beautytage einlegen!

Weil niemand so gut und ohne böse Gedanken den lästigen Pickel auf dem Rücken ausdrücken kann wie die beste Freundin. Und weil es einfach Spaß macht, sich mit Gurkenscheiben auf den Augen und Quark im Gesicht über so weltbewegende Dinge wie die brandaktuellsten Schönheitstrends zu unterhalten, ohne dass man gleich als blond und blöd eingestuft wird.

MÄDCHEN UND DIE CLIQUE

Manchmal könnte man(n) glauben, Mädchen hätten zwei Gesichter. Weil sie »unter sich« ein völlig anderes Verhalten an den Tag legen als in gemischten Cliquen. Aber ganz ehrlich, das ist bei Jungs schließlich genauso! Spannend wird es erst dann, wenn sich die Aliens aus ihren verschiedenen Gefühlsgalaxien annähern und auf dem »Planet Clique« niederlassen. Damit dabei alles reibungslos funktioniert, braucht jeder eine ganz bestimmte Aufgabe.

Während Jungs eher als Motor für Action und Co. die Führungspositionen beanspruchen, verantworten Mädchen sehr gerne die Schaltzentrale für Kommunikation in der Clique. So sorgen sie mit einer großen Portion Einfühlungsvermögen dafür, dass sich die Cliquenmitglieder untereinander verstehen. Aber auch in Herzensangelegenheiten wissen Mädchen gerne, wo es gerade knistert oder bei welchen Pärchen Spannungen für Kurzschlüsse in der Clique sorgen können. Mit dieser geballten Ladung an persönlichen Infos zu allen (männlichen) Cliquenmitgliedern haben die Mädchen ganz schnell und vor allem unbemerkt die Fäden der Freundschaften in den Händen. Damit Jungs dabei nicht zu Marionetten werden, gibt's hier die wichtigsten Infos zu den Mädchenrollen in der Clique.

Die Kummerkastentante

Liegt es an ihren großen, rehbraunen Augen, an ihrer warmen Stimme oder an ihrer ruhigen Art? Es gibt sie einfach, diese Mädchen, die nur durch ihre Anwesenheit selbst den coolsten Kerl dazu nötigen, seinen geheimsten Kummer bei ihnen abzuladen. Zur Kummerkastentante kann man wirklich immer kommen. Sie weiß Rat, wenn es z.B. um Stress mit den Eltern geht. Und sie checkt Probleme in der Schule auf Lösungsmöglichkeiten ab. Natürlich kennt sie sich auch mit ihren Artgenossinnen bestens aus, sodass sie Jungs selbst gefühlsmäßig locker auf die Sprünge helfen kann. Aber wie macht sie das bloß, dass jeder seine geheimsten Geheimnisse ausgerechnet ihr anvertraut? Und das sogar dann, wenn man sicher sein kann, dass die beste Freundin der Kummerkastentante eine Art News-Server innerhalb der Clique ist und alle Mitglieder mit dem neuesten Klatsch und den spannendsten Storys beliefert? Ganz einfach: Eine Kummerkastentante schafft es mit ihrer grundehrlichen Art und mit ihrer Fähigkeit, zuzuhören, dass jeder ihr vertraut.

Ihre Masche: Keine Panik, die Kummerkastentante meint es ernst und ehrlich. Sie ist wirklich daran interessiert, den Jungs und Mädchen aus ihrer Clique weiterzuhelfen, wenn Stress angesagt ist. Aber sie ist – zugegeben – deshalb noch lange nicht uneigennützig. Sobald so ein Mädchen in geheimer Mission unterwegs ist, verfolgt sie damit einen ganz bestimmten Zweck. Sie kommt nämlich hinter die »dunklen« Seiten ihrer Freunde und erfährt alles, was sonst niemand erfahren würde. So stillt sie dabei ihre ganz persönliche Neugierde. Die größte Macke der Mädchen ist nämlich – und dabei handelt es sich um kein Vorurteil: Sie wollen wirklich immer alles wissen und am liebsten über alles, was um sie herum vorgeht, bestens informiert sein! Und es spielt überhaupt keine Rolle, ob sie selber von den Ereignissen betroffen sind oder ob sie letztendlich nur darüber reden können wollen. Trotzdem steckt dahinter nicht – wie viele Jungs schnell annehmen – Boshaftigkeit und das Bedürfnis, Jungs erst auszuspionieren und dann ihren (weiblichen) Feinden ans Messer zu liefern. Nein, Mädchen wollen wirklich behilflich sein!

Was dahinter steckt: Mädchen scheint eine Art Mutterinstinkt in die Wiege gelegt worden zu sein. Und den leben sie bereits im Sandkasten aus. Denn die meisten Mädchen lassen sich durch einen netten Jungsblick davon überzeugen, ihre Förmchen zu teilen und die einzige Schaufel ihm zu überlassen. Helfen ist definitiv weiblich! Logisch, dass sich diese feminine Fähigkeit mit zunehmendem Alter noch weiter verfeinert und in allen Lebenslagen anwenden lässt. Was die einen Hilfsbereitschaft nennen, bezeichnen andere allerdings etwas kritischer als »Helfersyndrom« mit der großen Gefahr, immer wieder ausgenutzt zu werden.

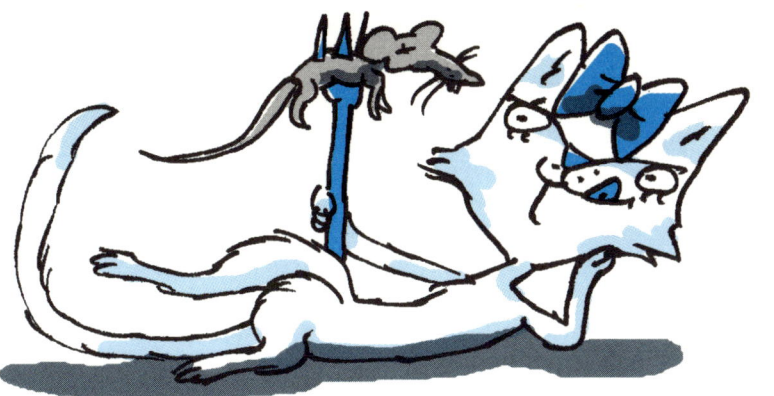

Warnhinweise: Nie, nie, niemals würde die Kummer-kastentante Geheimnisse ausplaudern oder gar gegen denjenigen, der sich ihr anvertraut hat, weiter verwenden! Nur in ganz seltenen Fällen scheint die natürliche Abschaltfunktion auszusetzen und Geheimnisse geraten in eine nicht enden wollende, öffentliche Informationsschleife. So will eine Kummerkastentante natürlich auch immer zwischen zwei Streithähnen vermitteln. Und das kann böse Folgen haben. Denn Zoff schlichten ist nur möglich, wenn beide Parteien den gleichen Informationsstand haben. Dazu ist es manchmal notwendig, dass Geheimnisse nicht länger geheim gehalten werden. Und das kann unter Umständen peinlich werden! Vor allem dann, wenn es einfach nur darum geht, durch Sympathiebarrieren verursachte interne Spannungen zu überwinden und die Kummerkastentante beispielsweise ausplaudert, wer wen nicht riechen kann. Doch der Erfolg und letztendlich der Rest der Clique geben ihr selbst bei angeblichen Vertrauensbrüchen zum Schluss doch Recht: Weil sie es mit ihrer sensiblen Art versteht, dass ihr niemand böse sein kann. Und weil sie glaubwürdig rüberbringt, dass sie für alle doch nur das Beste will.

DIE KUMMERKASTENTANTE HILFT BEI:

❋ **Stress in der Clique!** Schließlich ist sie im Normalfall die Erste, die erfährt, wenn es zwischen Freunden kriselt. Und vor allem kennt sie die Gründe für Grummeleien. Wer bei den geringsten Anzeichen von schlechter Stimmung zur Kummerkastentante geht, kann sicher sein, dass ihre sanften Vermittlungsversuche Missverständnisse schnell aus der Welt räumen.

❋ **Streit mit der Freundin!** Wenn sie zickt und ständig auf Zoff aus ist, könnte der Gang zur Kummerkastentante unter Umständen verhindern, dass ein Pärchen künftig getrennte Wege geht. Beziehungsgestresste Jungs können sicher sein, dass die genervte Freundin sich bereits bei der Kummerkastentante ausgeweint hat. Meistens sind dabei harmlose Unstimmigkeiten Ursache für dicke Luft in der Liebe. Weil sich Mädchen aber häufig nicht trauen, ihre Erwartungen dem Freund mitzuteilen, übernimmt die Kummerkastentante gerne diesen Job. Mit solchen Hintergrundinfos zur eigenen Beziehung und geschickter Verhaltensstrategie können Jungs schnell wieder das süße Lächeln auf die Lippen ihrer Freundin zaubern.

✳ Sorgen in der Schule! Wer merkt, dass selbst ein Lernmarathon die Grundlagen für den nächsten Bio-Test oder die bevorstehende Deutscharbeit nicht im Gehirn manifestieren kann, dem ist die Unterstützung der Kummerkastentante sicher. Selbst ein Unwetter mit sintflutartigen Regenfällen könnte sie nicht davon abhalten, ihre Unterlagen für einen Freund in Not zu kopieren. Schlimmstenfalls würde sie dem kleinen Bruder das Gummiboot entführen und zum Copyshop paddeln. Keine Frage, dass sie für den Geplagten die Nacht vor der Prüfung opfert, um alle offenen Fragen mit ihm noch einmal durchzupauken. Selbst dann, wenn sie am nächsten Tag mit dunklen Rändern unter den Augen total übermüdet die eigene gute Note riskieren sollte. Denn für sie zählen Erfolgserlebnisse der anderen mehr als eigene Topleistungen.

✳ Ärger mit den Eltern! Vom Telefon-Stopp bis zum Ausgehverbot – die Kummerkastentante springt ein, wenn Alibis gefragt sind. So greift sie gerne zur Notlüge und überzeugt selbst die strengsten Eltern davon, dass nur ihr Sohn in der Lage sei, das stundenlang erarbeitete Erdkundereferat aus den Tiefen des abgestürzten PCs zu retten – um letztendlich ihm in Wirklichkeit den Freiraum für ein Date mit der Freundin zu verschaffen.

Die Kupplerin

Mädchen stehen auf große Gefühle und lieben vom Soap-Drama bis zur Cliquenromanze alles, was mit Beziehungen zu tun hat. Kein Wunder, dass Mädchen neben der Kummerkastentante noch eine andere Traumrolle in der Cliquenstruktur für sich beanspruchen. Als Kupplerin beobachten sie ganz genau, wer in der Clique zu wem passen könnte, und vor allem, welche Jungs und Mädchen noch einen kleinen Kick benötigen, um dann endlich für die nächsten Tage, Wochen und Monate Hand in Hand durchs Leben spazieren zu können. Dabei beweist die Kupplerin geschicktes Organisationstalent im Arrangieren von unauffälligen Verabredungen und Situationen, die zwei, die in ihren Augen zusammengehören, auch zusammenbringen.

Ihre Masche: Die Kupplerin läuft zu Höchstform auf, wenn sie Feten veranstalten kann, bei denen durch witzige Partyspiele Pärchen garantiert zusammenfinden. Flaschendrehen, Wahrheit oder Lüge – sie inszeniert geschickt die besten Spiele, damit endlich der erste Kuss fällt. Erfolg versprechend ist aber auch ihre Methode, die »Opfer« an neutralen Orten wie dem Eiscafé um die Ecke oder dem Badesee zusammenzubringen, um sich dann im richtigen Zeitpunkt selber sanft zurückzuziehen. Natürlich nur mit dem Ziel, die anderen Cliquenfreunde vom »Flirttatort« fern zu halten. Schließlich muss sie dafür sorgen, dass niemand dem jungen Glück mit dummen Bemerkungen womöglich noch einen Strich durch die Beziehungsrechnung machen kann.

Was dahinter steckt:
Wenn andere glücklich sind, ist das für eine Kupplerin ein absolutes Highlight. Die Mission Liebe ist erfüllt! Sie kann sich darüber fast genauso freuen, wie wenn es sie selber glücklich erwischt hätte. Realität ist allerdings, dass verliebte Gefühle bei der Kupplerin Fehlanzeige sind. Sie will sich gar nicht verknallen. Sie schaut – wenn auch manchmal sehnsüchtig – lieber auf andere Freundschaften zwischen Jungs und Mädchen. Und weil sie eine gute Beobachterin ist, speichert sie dabei sämtliche positiven und auch negativen Situationen ab. Sozusagen als Übungsterrain, bevor sie sich irgendwann einmal selber auf das Glatteis mit den eigenen Gefühlen bewegt. Eigentlich ziemlich schlau, denn so lernt die Kupplerin aus guten und schlechten Erfahrungen der anderen, ohne sich selber die Finger zu verbrennen.

Warnhinweise: Achtung, selbst die geschickteste Kupplerin schlägt manchmal über die Stränge! Nämlich dann, wenn sie mit Gewalt für große Gefühle sorgen will. Manchmal hat sie mit ihrer Spürnase für Pärchen einfach die falsche Fährte aufgenommen und will trotzdem zusammenbringen, was besser Abstand halten sollte. Jungs, die überhaupt nicht verkuppelt werden wollen, erkennen ihre Absichten spätestens dann, wenn sie plötzlich eine SMS mit der dringenden Bitte verschickt, um 18 Uhr bei ihr zu Hause anzutanzen. Die Behauptung, ein schwerwiegendes Computerproblem benötige unbedingt seinen fachmännischen Rat, entpuppt sich dann als Solo-Freundin, die er natürlich nach Hause begleiten soll. Jungs ohne Beziehung können immer dann davon ausgehen, ins Flirtvisier der Kupplerin geraten zu sein, wenn sie plötzlich um Hilfe ruft! Wer keine Lust auf Nachhilfe in Sachen Liebe hat, zieht sich geschickt aus der Affäre, indem er sie mit ihren eigenen Waffen schlägt. Trick: Zum Date einfach einen Kumpel mitschleppen. Das entschärft von vornherein die Situation, weil so die erzwungene Zweisamkeit keine Chance hat.

DIE KUPPLERIN HILFT BEI:

✳ **Flirtfehlern!** Wer mit seinen Anmachtricks bei Mrs. Wonderful nicht landen konnte, sollte die Kupplerin einschalten und ihr seinen Misserfolg beichten. Selbst im größten Schlamassel beweist sie ein geschicktes Händchen, damit zum Schluss alle glücklich sind. Mit ihrem Ideenreichtum in puncto Romantik führt sie sanft Regie bei »zufälligen« Treffen der Traumpärchen, damit sich beide in entspannter Atomsphäre noch einmal neu beschnuppern können.

✳ **Genervten Solo-Freunden!** Wem der Kumpel richtig auf den Keks geht, weil er immer jammert, dass die süßesten Mädels ihre Augen überall haben, nur nicht bei ihm, findet Hilfe bei der Kupplerin. Sie wird schnell ausloten, welche ihrer Freundinnen, ohne es selbst zu wissen, nur auf genau diesen Kumpel gewartet hat. Und sie lässt natürlich nichts unversucht, um die beiden »Auserwählten« von ihrem Glück zu überzeugen.

MÄDCHEN UND TECHNIK

Spätestens in der ersten Klasse werden Jungs damit konfrontiert, dass Mädchen die schönere Handschrift haben, mehr Geduld bei komplizierten Basteleien aufbringen und überhaupt in allem, was Fingerfertigkeit erfordert, Jungs um Längen schlagen. Merkwürdig nur, dass Mädchen spätestens dann zwei linke Hände beweisen, wenn es darum geht, einen Hammer vernünftig anzufassen oder eine Luftpumpe so zu benutzen, dass der Fahrradreifen nicht mehr wie ein zusammengefallener Pfannkuchen platt auf der Straße pappt.

Besteht die Gefahr, eventuell einen frisch gefeilten Fingernagel bei notwendigen Reparaturarbeiten riskieren zu müssen, streikt die viel gepriesene weibliche Feinmotorik. Dann müssen die Jungs ran und viel Geschick beweisen, um den Glassplitter aus dem Fahrradschlauch zu popeln. Kein Wunder, dass sich spätestens jetzt für Jungs die Frage aller Fragen stellt: Sind Mädchen technisch wirklich echte Nieten? Oder sind sie nur clever und nutzen die Jungs bloß aus?

Reine Kopfsache

Inzwischen haben Wissenschaftler bewiesen, dass nicht der erste Werkzeugkasten unterm Weihnachtsbaum Jungs auf technische Begabung trainiert. Die Ursache für die männliche Stärke zum Tüfteln und zum Reparieren ist genau 100 Gramm schwer. Um so viel wiegt ein männliches Gehirn nämlich mehr als das weibliche. Echt! Dieses Miniplus an Masse ist verantwortlich dafür, dass das so genannte limbische System, Sitz des Aggressionszentrums im Gehirn, ausgeprägter und ständig in Arbeit ist. Jungs fühlen sich deshalb immer herausgefordert und versuchen, ihre Unabhängigkeit zu beweisen. Im positiven Sinne bedeutet das, dass sie auch bei technischen Problemen alles in den Griff kriegen müssen.

Ein weiterer Unterschied: Jungs punkten beim räumlichen Vorstellungsvermögen, das sich in der linken Gehirnhälfte befindet, genau wie logisches Verständnis und mathematische Fähigkeiten. Darauf konzentrieren sich Jungs alleine schon deshalb, weil ihre rechte Gehirnhälfte – im Gegensatz zur weiblichen Schaltzentrale – meistens inaktiv bleibt. Aber: Ausnahmen bestätigen natürlich die Regel. So gibt es durchaus eine Menge Mädels, die in Mathe spitzenmäßig sind.

Weil es Mädchen dafür rein anatomisch durch eine engere Verbindung der Gehirnhälften leichter fällt, zwischen beiden Seiten des Denkapparates hin- und herzuklicken, kombinieren sie Vernunft (die linke Hälfte) mit Gefühl (die rechte Hälfte). So verfügen sie über ein genetisch festgelegtes Gespür für ihre praktischen Schwächen.

Weibliche Waffen

Es ist allerdings schlichtweg nicht wahr, dass Mädchen genetisch bedingt bei technischen Dingen einfach überfordert sind. Schließlich schnitten Jungs und Mädchen in praktischen Intelligenztests gleich gut ab. Das heißt, dass Mädchen absolut in der Lage wären, technische Fähigkeiten zu erlernen. Doch wozu, wenn Jungs das Werkzeug schon in die Wiege gelegt bekommen haben? Schließlich ist es viel leichter, einen männlichen Kumpel um Hilfe zu bitten, als sich selber die Finger schmutzig zu machen. Und ganz ehrlich: Welchem Jungen schwillt nicht vor Stolz die Brust, wenn ein süßes Mädchen sich superlieb für seine tolle Hilfe bedankt?

So tricksen Mädchen Jungs technisch aus

Schiebung! Wenn bei ihrem Fahrrad die Luft raus ist, schiebt sie den Drahtesel mit gequältem Blick über die Straße. Trägt sie statt Sneakers ausgerechnet die Sandalen mit dem hohen Absatz, bremst sie jeden Jungen, der gerade vorbeiradeln will, aus. Logisch, dass er fragt, ob er helfen könne. Und damit hat er schon verloren! Ein verzweifelter Blick genügt, damit er an Ort und Stelle ihr Bike einer Generalüberholung unterzieht. **Belohnung:** Eine kalte Cola im nächsten Straßencafé und ein nettes Gespräch sind ihm sicher.

Heiße Sache! Zu dumm, dass ausgerechnet kurz vor seinem Besuch ihre Glühbirne in der Schreibtischlampe durchgebrannt ist. Selbstverständlich greift er sofort zu und tauscht das Lämpchen aus. **Belohnung:** Falls er sich beim Griff in den heißen Lampenschirm verbrannt hat, kühlt sie ihm sanft die Finger. Dabei sorgt sie mit ihrer liebevollen Art für so viel Spannung, dass er ohne zu zögern auch noch die Steckdosen in ihrem Zimmer auswechseln würde.

Falsch programmiert! Mädchen haben schon lange den PC für sich entdeckt. Sie spielen, mailen oder hacken ihre Hausaufgaben in den Computer, als hätten sie nie etwas anderes getan. Aber wehe, ein Programm spinnt! Bevor sie sich selber durch die Wirren der Software quälen, greifen sie lieber ganz praktisch zum Telefonhörer und rufen verzweifelt um Hilfe. Schließlich wissen sie genau, dass Jungs gerne den multimedialen Meister spielen. **Belohnung:** Sobald die Kiste wieder läuft, beweist sie ihr Geschick beim Brennen einer CD mit den aktuellsten Spiele-Hits. Oder sie verrät ihm die lang ersehnte Lösung, um in den nächsten Level des angesagten Adventure-Games zu kommen.

MÄDCHEN UND INTUITION

Okay, Jungs haben üblicherweise technisch die Nase vorn, sind mathematisch begabter und im logischen Denken haben sie auch mehr drauf! Trotzdem schlagen Mädchen das so genannte starke Geschlecht auf vielen Gebieten um Längen. Weil Mädchenköpfe auch wissenschaftlich bewiesen anders ticken.

Das weibliche Gehirn fährt nämlich zweigleisig. Selbst wenn Jungs, wie bereits erwähnt, mehr (Masse) im Kopf haben, machen Mädchen aus weniger das Doppelte. Weil bei ihnen die rechte und linke Gehirnhälfte durch eine Art Brücke, das Corpus Callosum, um 30 Prozent besser miteinander verbunden sind als bei Jungs, sind auch beide Hirnhälften aktiver. Entscheidender Vorteil: Verstand (linke Hälfte) und Gefühl (rechte Hälfte) arbeiten Hand in Hand.

Deshalb ist auch dieses Bauchgefühl, Intuition genannt, bei Mädchen stärker ausgeprägt. Weil sie rein sachliche Beobachtungen mit Gefühlen verbinden, haben sie eine Art sechsten Sinn. Mädchen blicken so viel schneller, ob Stress in der Clique droht oder wann ein nicht angesagter Erdkundetest die Klasse überraschen wird.

Der kleine Unterschied im Kopf wird übrigens schon im Mutterleib angelegt. Das weibliche Hormon Östrogen fördert emotionale Fähigkeiten, das männliche Hormon Testosteron begünstigt räumliches Denken und logischen Sachverstand.

Die Top-Talente der Mädchen

FARB-FLASH

Mädchen können besser Farben sehen. Die Farbrezeptoren im Auge, also die Sehnerven, die auf Bunt programmiert sind, liegen nämlich auf dem weiblichen X-Chromosom. Und davon haben Mädchen gleich zwei. Folge: Sie nehmen Farben differenzierter wahr und sind seltener farbenblind. So kommt die Rot-Grün-Farbblindheit fast nur bei Männern vor.

OHREN AUF

Mädchen können besser hören. Zwar nicht unbedingt auf die Eltern, dafür reagiert ihr Gehör sensibler auf Tonfall und Lautstärke. Mediziner haben herausgefunden, dass schon weibliche Säuglinge doppelt so empfindlich auf Lärm reagieren wie Baby-Boys. Vielleicht ist das ja ein Grund dafür, dass Mädchen im Gegensatz zu Jungs selten auf Krachsound wie etwa Heavy Metal abfahren.

GEMISCHTES DOPPEL

Mädchen sind oft wahre Koordinationstalente und können super zwei Dinge gleichzeitig erledigen. Mit der einen Hand die Zähne putzen, mit der anderen Hand Bodylotion auftragen – kein Problem für die Mädchen, weil ihre Gehirnhälften in puncto Koordinationsvermögen perfekt aufeinander abgestimmt sind.

DURCHBLICK

Mädchen kann man so schnell nichts vormachen. Ihre Augen beobachten messerscharf auch Einzelheiten. Winzige Nuancen in der Körpersprache werden blitzschnell abgescannt und analysiert. Deshalb entlarven Mädchen superfix alles von Launen bis Lügen. Übrigens: Der mangelnde männliche Blick für Details ist schuld daran, dass Jungs schon im Kindesalter häufiger Unfälle haben als Mädchen.

AUF SCHNUPPERKURS

Mädchen haben die feineren Nasen. Deshalb können sie klipp und klar sagen, ob sie jemanden gut riechen können oder nicht. Das ist superwichtig bei der späteren Partnerwahl. Denn das sensible weibliche Riechorgan kann feststellen, ob das Immunsystem des Traumprinzen gut mit dem eigenen zusammenpasst. Kurzum: Bei Mädchen geht Liebe durch die Nase. Der typische Duft seiner Haut ist ausschlaggebend für Sympathie oder Ablehnung. Jungs hingegen lassen sich von künstlichen Düften wie Parfums oder Bodylotions schnell an der Nase herumführen.

DIE FÜHLER AUSSTRECKEN

Mädchen haben einen empfindlicheren Tastsinn – alleine schon deshalb, weil ihre Haut durchschnittlich um 0,15 Millimeter dünner ist als die männliche. Tests haben bewiesen, dass Mädchen schon wenige Tage nach ihrer Geburt sensibler auf Berührungen reagieren als Jungs. Besonders gern auf Schmusekurs gehen Mädchen allerdings auch, weil Streicheleinheiten bei ihnen einen Hormonkick auslösen. Das Hormon Oxytocin, das für Bindungsbedürfnisse verantwortlich ist, wird hauptsächlich im weiblichen Organismus gebildet.

TREND-SCOUTS

Mädchen haben meist ein sehr viel glücklicheres Händchen für Fashion. Weil sie durch ihr ausgeprägtes Beobachtungsvermögen schneller checken, was in ist. Für guten Geschmack sorgt zusätzlich ihr feiner Sinn für Farben.

TON AB

Mädchen sind sprachbegabter als Jungs. Weil beide Gehirnhälften aktiv sind, verknüpfen sie Sprache mit Gefühl. Das drückt sich in einer größeren Wortgewandtheit aus. Sie können beim Reden auch besser als Jungs ihre Emotionen ausdrücken, weil das männliche Sprachzentrum ausschließlich von Vernunft geleitet wird.

SENSIBELCHEN

Mädchen spüren viel eher, ob ihre Freunde Kummer haben. Untersuchungen haben ergeben, dass sie im Gegensatz zu Jungs Sorgen aus den Augen ihres Gegenübers ablesen können. Ein Grund dafür, dass Mädchen in Cliquen so gerne die Kummerkastentante spielen.

BLOSS KEINEN STRESS

Mädchen sind im Allgemeinen weniger aggressiv als Jungs. Weil ihr Zoff-Zentrum im Gehirn im Ruhezustand nicht aktiv ist. Während Jungs gerne von sich aus auf Angriff schalten, müssen Mädchen erst aus der Reserve gelockt werden, um sich so richtig sauer zu zeigen.

DANCING-QUEENS

Mädchen können besser tanzen, weil sie durch ihr
ausgefeiltes Koordinationsvermögen Musik schneller
in passende Bewegungen umsetzen können.

RACHEENGEL

Während Jungs ihre Konflikte schneller mit den
Fäusten austragen, nutzen Mädchen ihre emotionalen
Fähigkeiten, um richtig fies zu sein. Mit einem Plus
an kreativer Power machen sie ihrer Wut am liebsten
mit kleinen Gemeinheiten Luft. Perfekt sind Mädchen
auch darin, Rachepläne zu schmieden, wenn man(n)
ihnen Unrecht getan hat. Glücklicherweise reicht es
den meisten Mädchen aber, boshafte Vorhaben lediglich in ihrer Phantasie zu durchleben. Möglich, dass
es aus diesem Grund so viele ausgezeichnete Krimi-
autorinnen gibt.

Gute Noten für Mädchen

Beurteilungen wie blond und blöd haben lediglich in Witzen ihre Berechtigung. Die Realität schlägt männlichen Schlaumeiern auf den Magen. Mädchen sind nämlich richtig clever. So liegt der Anteil der weiblichen Schüler in vielen Gymnasien bei weit über 50 Prozent. Aber keine Angst – Mädchen sind deshalb nicht etwa intelligenter als Jungs.

Bei IQ-Tests schnitten beide gleich gut ab. Mädchen sind einfach nur deshalb die besseren Schülerinnen, weil ihr fehlendes Aggressionspotenzial sie ruhiger und ausdauernder lernen lässt.

Allerdings zeigten sich auch unterschiedliche Stärken und Schwächen. Eindeutig bessere Noten erzielen Mädchen neben Fremdsprachen in allen Fächern, in denen Wortgewandtheit gefragt ist. Den Beweis für weibliche Sprachbegabung liefert das amerikanische Forscherehepaar Sally und Bennett Shaywitz. Ihnen gelang ein Blick in die weiblichen und männlichen Gehirnwindungen, indem sie Versuchspersonen an einen Computer anschlossen und dabei Reimwörter aufspüren ließen. Ergebnis: Bei den Mädchen waren beide Gehirnhälften in voller Aktion, während die Jungs mit nur einer aktiven Gehirnhälfte die klaren Verlierer waren.

Flirtstars

Zwar erwartet alle Welt – und ganz vorneweg Mädchen – von Jungs, dass sie den ersten Schritt machen. Geht es darum, zarte Beziehungsbande zu knüpfen, sind Mädchen die wahren Gewinner im Spiel um Sympathien. Wenn auch unbewusst, stellen sich Mädchen supergeschickt an, um ihr männliches Gegenüber auf Vor- und Nachteile abzuchecken. Eine österreichische Studie mit Videotests unter 45 jungen Paaren hat ergeben, dass Mädchen nicht gleich abwinken, wenn ihnen ein Junge unsympathisch ist. Sie setzen vielmehr auf Zeit, plappern dabei munter drauf los und erregen seine Aufmerksamkeit mit Flirtsignalen, indem sie sich durch die Haare fahren oder am Outfit herumnesteln. Dabei gewinnen Mädchen wertvolle Minuten, um den ausgespähten Jungen richtig einzuschätzen.

Außerdem sind Mädchen Meisterinnen im Small Talk. Durch Gesten wie leichtes Kopfnicken animieren sie Jungs zum Weitersprechen und locken sie so aus der Reserve – ohne dabei sofort allzu viel von sich selbst preiszugeben. Mädchen kontrollieren aber nicht nur die ersten verbalen Annäherungsversuche, sie bahnen sie sogar an. Denn die Studie zeigt auch: Meistens sind es die Mädchen, die Flirtoffensiven überhaupt erst ins Rollen bringen. Mit kleinen Blickkontakten bringen sie Jungs nämlich letztendlich dazu, sie anzusprechen.

MÄDCHEN UND IHRE MACKEN

Warum Mädchen anders sind

Nicht nur Jungs haben es mit den Mädchen schwer, Mädchen bremsen sich auch häufig selber aus. Und das zum Teil, ohne wirklich etwas dafür zu können.

ÄRGER VOR-PROGRAMMIERT

Bei der Entwicklung des komplizierten »Planet Girl« tauchen zahlreiche technische Tücken auf. So sind Mädchen und ihre weiblichen Programmabläufe nach außen und innen extrem störanfällig. Vor allem, wenn sich die Fertigungsphase dem Ende entgegenneigt, kommt es beim Feintuning der femininen Besonderheiten zu zahlreichen Programmabstürzen.

Schnellzünder

So sind Mädchen schon alleine deshalb Jungs gegenüber schwer im Nachteil, weil bei ihnen die Pubertät, also der Ausnahmezustand von Body & Soul, im Schnitt ein bis zwei Jahre früher einsetzt. Während zehnjährige Buben noch, ohne böse Blicke zu ernten, über Spielplätze toben dürfen, müssen sich Mädchen im gleichen Alter bereits mit zunächst ziemlich unangenehmen Veränderungen ihres Körpers auseinander setzen.

Besonders heftig: Dass Mädchen sich in der Entwicklungsphase zur Frau befinden, sieht man ihnen rein äußerlich sofort an. Der Busen wächst, vorher knabenhafte Figuren runden sich an Po und Hüften und – das Allerschlimmste – die Hautbeschaffenheit verändert sich durch hormonelle Bedingungen so stark, dass Pusteln und Pickel wachsen. All das passiert in einer Zeit, in der auch die Gefühle Achterbahn fahren und Mädchen beginnen, sich für Jungs zu interessieren. Logisch, dass sie in deren Augen natürlich am liebsten als Schönheitskönigin durchgehen würden.

Doch Pech, denn etwa bis zum 16. Lebensjahr powern erst einmal die Hormone und weisen dabei die optischen Wunschvorstellungen der meisten Mädchen in mitunter üble Schranken.

Heißer Hormon-Cocktail

Entwicklungsmediziner vergleichen das weibliche Gehirn während der Pubertät mit einem Chemiekraftwerk, das völlig ungesichert nach außen jeden Moment explodieren könnte. Tatsächlich sind die Hormone, also nichts anderes als chemische Verbindungen, bei Mädchen besonders aktiv. Sie versetzen Kopf und Körper in einen derartigen Ausnahmezustand, dass Eltern und andere Erwachsene für diese Zeit oft die Einweisung in eine geschlossene Anstalt befürworten würden.

Und die Mädchen selber? Sie befinden sich mitten im Konflikt zwischen Barbie und Boys. Auf der einen Seite würden sie ihren veränderten Körper gerne vor allen verstecken und sich in Mamis Arme kuscheln, andererseits verlieben sie sich die ersten Male und haben Sehnsucht nach zärtlichen Berührungen ihres Schwarms. Kurz und gut: Bei den Mädchen ist Chaos ohne Ende angesagt!

Alle vier Wochen: Bitte ganz lieb sein!

Und zusätzlich zu diesem ganzen Stress gesellt sich noch der weibliche Zyklus, der Mädchen nach Meinung vieler Jungs in echte Zicken verwandelt. Es stimmt schon: Wenn Mädchen »ihre Tage« haben, und etwa alle vier Wochen die Monatsblutung einsetzt, könnten Jungs oft mehr Spaß mit einem Gefrierschrank als mit einem Mädchen haben. Die Laune erreicht den absoluten Tiefststand, Mädchen sind oft gereizt und haben auf nichts Lust.

Das kann ganz schön nerven! Trotzdem sollten Jungs etwas Verständnis für die geplagten Mädchen haben. Sie müssen schließlich nicht nur mit veränderten hygienischen Bedingungen, Tampons usw. klarkommen, in ihrem Körper spielen zusätzlich noch die Hormone verrückt. Dabei fällt auch der Pegel aller Happy-Hormone wie Serotonin tief in den Keller. Übrigens ein Grund dafür, dass Mädchen während der Tage häufig Heißhunger auf Schokolade haben. Die steckt

nämlich voll mit Serotonin und lässt die Laune – zumindest bis zum nächsten Blick auf die Waage – wieder ansteigen.

Ein weiterer wichtiger Grund für mehr Verständnis: Menstruation kann nicht nur nerven, sie kann auch höllisch wehtun. Hier ein kleiner Ausflug in die weibliche Anatomie: Während der »Tage« wird die Schleimhaut der Gebärmutter abgestoßen. Dabei kommt es zu Kontraktionen des etwa faustgroßen Organs. Das heißt, die Gebärmutterwand zieht sich rhythmisch zusammen, und das wiederum kann richtig heftige Schmerzen verursachen. Jungs können sich das etwa so vorstellen, als wenn ihnen alle fünf Sekunden jemand mit beiden Händen heftig in den Bauch kneift und gleichzeitig an der Haut zerrt. Stellt sich die Frage, ob Jungs bei solchen Dauerschmerzen noch ein Lächeln auf die Lippen bekommen könnten.

Bloß nicht lustig machen!

Wenn Mädchen mitten in der Pubertät sind, entgleitet ihnen oft die Kontrolle über Kopf und Körper. Und dann nimmt ihr Verhalten höchst sonderbare Formen an – vor allem, wenn auch noch ein süßer Junge in der Nähe ist.

Was bei Mädchen in solchen Situationen wie ein Film abläuft, bei dem sie nur Zuschauerin sind, ist oft comedyreif. Und für die Mädchen superpeinlich, wenn ihnen wenige Minuten später auffällt, dass sie leider doch die Hauptdarstellerin waren. Da ist es kein Wunder, dass die Jungs, die in solchen Horrormomenten nicht über die chaotische Gefühlswelt der Mädchen ablachen, richtig Punkte sammeln können.

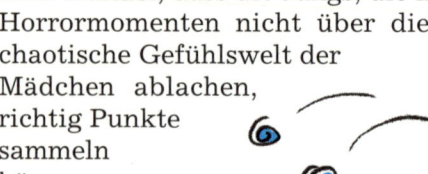

Die schlimmsten Pubertätsattacken

Mädchen werden knallrot, sobald sie neben ihrem Schwarm stehen. Spricht er sie auch noch an, sollte möglichst kein Arzt oder Sanitäter in der Nähe sein. Weil er umgehend einen Krankenwagen rufen würde, um sie mit lebensgefährlichem Bluthochdruck in die nächste Klinik einliefern zu lassen. Dabei steckt hinter dem Farb-Flash nichts anderes als ein gut funktionierender Kreislauf. Und weil ihr dabei der Traumprinz so richtig zu Kopf gestiegen ist, verrät die dünne Gesichtshaut, dass ihr Blut heftig in Wallung geraten ist.

Mädchen kichern drauflos und Jungs sehen panisch an sich herunter, fühlen kurz nach dem Reißverschluss der Hose oder fahren sich nervös durch die Haare! Warum flüstern Mädchen mit bedeutungsvollen Blicken und lachen dann auch noch ab? Ganz einfach, weil Mädchen in Gegenwart von netten Jungs in eine Art nervösen Schockzustand geraten. Folge: Dümmliches Kichern und alberne Tuscheleien. Selbst eine Beerdigungsfeier würde verliebte Mädchen zum Kichern bringen, falls ER unter den Ministranten ist. Jungs sollten glucksende Mädchen also nicht noch mehr nerven, sondern ihr Verhalten als großes Kompliment betrachten.

Mädchen bringen keinen Ton mehr heraus, wenn ihr Schwarm es wagt, sie anzusprechen. Das totale Versagen der Stimmbänder verblüfft natürlich bei wissenschaftlich nachgewiesener Sprachbegabung. Doch Mädchen fehlen nicht etwa die Worte, ihnen fehlt vor allem Luft. Denn vor lauter Aufregung vergessen sie zu atmen. Sie saugen zwar die Lungen nochmal mit Sauerstoff voll, doch dann ist Schluss. Und das, obwohl das Ausweichen von Luft aus den Lungen wichtig ist, um überhaupt Töne und somit Worte zu erzeugen. Vermutlich würde ein verliebtes Mädchen einfach ersticken, wenn sein Angebeteter es nicht aus diesem Trancezustand befreien würde. Ein kleines »Hey, alles in Ordnung mit dir?« befreit ein Mädchen schnell wieder aus seiner peinlichen Starre.

PFLEGE-ANLEITUNG

Das richtige Gespür entwickeln

Inzwischen hast auch du begriffen, dass Mädchen anders ticken und dass du gut mit ihnen klarkommst, sobald du ihre Macken und Tücken richtig deutest. Aber du weißt: Alles hält länger, wenn es richtig bedient und gepflegt wird.

STRENG DICH AN!

Alles könnte so schön einfach sein – wenn Mädchen Fußball spielen würden und nicht gleich peinlich berührt und pikiert wegsehen würden, wenn man(n) mal eine etwas derbere Zote reißt. Wenigstens können die meisten Mädchen inzwischen auch über Blondinenwitze lachen. Weil sie gecheckt haben, dass die immer so kurz sind, damit Jungs sie auch verstehen!

Wer mit Mädchen befreundet ist, sich mit den technischen Tücken gut auskennt und nicht gleich die Flucht ergreift, wenn bei einem Mädchen mal nicht alles rundläuft, fährt ganz gut mit den femininen Feinheiten. Trotzdem: Mädchen wollen nicht nur verstanden, sondern auch verwöhnt werden. Genau wie die Kette von einem Fahrrad regelmäßig geschmiert werden muss, gibt es bestimmte Regeln, die Mädchen wie Öl runtergehen. Und so klappt´s bestens:

Pflegeprogramm für Mädchen

REGELMÄSSIG ANRUFEN!

Superwichtig, auch wenn du ihr
eigentlich gar nichts zu sagen
hast, weil dein Tag total langweilig war und du außer dem
Streit mit den Geschwistern
um das größte Kuchenstück
oder wegen der versiebten
Mathearbeit nichts Weltbewe-
gendes erlebt hast. Wenn du trotzdem ihre Nummer
wählst, selbst um Nichtigkeiten los zu werden, punk-
test du! Ein kleiner Small Talk reicht, um die sensi-
belsten Mädchenseelen gnädig zu stimmen. Denn
dann weiß sie, dass du an sie denkst! Meistens redet
sowieso nur sie und lässt dich dabei wissen, wie
sie ihr Zimmer umgeräumt hat oder dass die neuen
Inlineskates am rechten Fuß drücken. Hörst du ihr
dabei zu, sorgst du garantiert für ein Highlight in
ihrem Tag. Und wenn du ein Mädchen wirklich magst,
wird dir das auch nicht sonderlich schwer fallen.
Schließlich gehören Belanglosigkeiten zum Bezie-
hungsalltag und sorgen nur dafür, dass man sich noch
besser kennen lernt.

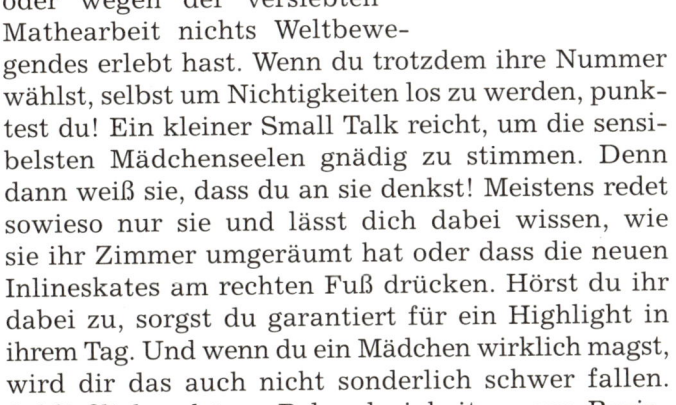

ZUHÖREN!

Eine der schwierigsten Übungen
für Jungs. Schließlich leben
die meisten mit der Annahme,
dass Reden ausschließlich zum
Austausch von Informationen
dient. Falsch! Einfach miteinander quatschen oder den ande-
ren mal richtig vom Leder ziehen lassen ist eine der
wichtigsten Freundschaftsregeln überhaupt. Mädchen
lieben es, durch Gespräche ihren Horizont zu erwei-
tern. Der Download in den eigenen Erfahrungsspei-
cher sorgt letztendlich dafür, dass sie nicht die Fehler
ihrer Freunde wiederholen. Genügend Gründe für
Jungs, sich eine Scheibe Schlauheit von den Mädchen

abzuschneiden. Weil das aber den männlichen Gehirnwindungen heftig widerstrebt, ist eine kleine Konzentrationsübung im Zuhören angesagt. Wenn du mit (d)einer Freundin telefonierst, solltest du nicht nebenher durch das TV-Programm zappen oder im Chat mit deinen Kumpels rumhängen. Versuch einfach mal, ihr für drei Minuten zuzuhören und fasse ihre Worte nach dem Telefonat zusammen. Was sie dann wirklich umfallen lässt, ist ein Rückruf bei ihr plus deinen Gedanken über das vorangegangene Gespräch.

ES GIBT AUCH ANDERE SCHÖNE DINGE!

Mädchen machen jedem Kuscheltier Konkurrenz. Sie lieben gute Musik bei Kerzenlicht und einen richtig schnuckeligen, romantischen Abend. Wenn es sie dann noch ein wenig erwischt hat und sie neben ihrem Schwarm sitzen, ist auch liebevolles Händchenhalten drin. Aber spätestens hier begegnen Jungs einem leuchtend roten Stoppschild! Mädchen genießen zurückhaltende Zärtlichkeiten viel, viel mehr als Küssen und Knutschen. In Sachen Liebe lassen sie sich nämlich ganz viel Zeit. Das kommt einem Jungen nicht immer entgegen. Aber trotzdem sollten Jungs den Druck von sich selbst nehmen und einfach auch mal auf das Genießen ihrer Gefühle schalten. Damit gewinnen sie das Herz eines Mädchens wesentlich schneller als mit überstürzten Liebesattacken!

PROTZ-BREMSE ZIEHEN!

Auch wenn Jungs als Augenmenschen schlechthin gelten, sind auch Mädchen durchaus in der Lage, ihre Umwelt wahrzunehmen und zu sehen, was um sie herum vorgeht. Schluss also mit stundenlangen Referaten über deinen Topjob auf dem Fußballfeld. Vor allem wenn sie gerade beim Training zugeschaut hat, ist es völlig überflüssig, ihr jedes einzelne Knallertor noch einmal im Detail zu erklären. Keine Angst, wenn ein Mädchen einen Jungen wirklich mag, findet sie ihn auch dann noch toll, wenn er wegen einer Dummheit mit der roten Karte vom Fußballplatz verwiesen worden ist. Deshalb müssen Jungs in Gegenwart von Mädchen auch nicht ständig den coolen Supermann spielen. Weil sie tausendmal mehr auf sein liebes Lächeln abfährt als auf einen Gefrierschrankblick.

Ganz schön altmodisch

Ganz so wie noch unsere Mütter, Großmütter und Urgroßmütter müssen Mädchen von heute nicht mehr um Emanzipation kämpfen. Sie sind gut in der Schule, nehmen sich ihre Freiheiten bei Flirts und Spaß und lassen sich auch bei der späteren Berufswahl nicht mehr von den (ehemaligen) »Herren der Schöpfung« unterbuttern. Trotzdem könnte man manchmal meinen, dass sie ein Schwätzchen zu viel mit ihrer Großmutter gehalten haben. Denn auf das, was als männliche Tugenden bezeichnet wird, fahren die Mädchen insgeheim immer noch ab.

Mädchen lieben es ...

❋ ... wenn ein Junge ihr ab und zu eine rote Rose als Zeichen seiner Zuneigung schenkt.

❋ ... wenn er ihre Cola in der Disco bezahlt (keine Angst vor dem Pleitegeier, sie wird sich garantiert revanchieren).

❋ ... wenn er nicht erst um 19 Uhr auf der Matte steht, obwohl er versprochen hat, um 18 Uhr da zu sein.

❋ ... wenn er einschreitet und lässig den Arm um sie legt, weil ihr ein superlästiger Bagger-Typ auf die Nerven fällt.

❋ ... wenn er sie abends nach Hause bringt, weil die Video-Session bei der Clique länger als erwartet gedauert hat.

❋ ... wenn er sie beim Shopping begleitet, selbst auf die Gefahr hin, dass seine Kaufhausallergie mit nervösen Zuckungen und Platzangst wieder voll zuschlägt.

❋ ... wenn er bemerkt, dass sie extra für ihn ihr ganzes Taschengeld in ein sündhaft teures Outfit investiert hat. Und natürlich, wenn er ihr auch noch sagt, dass sie super darin aussieht.

❋ ... wenn sie von seinem besten Kumpel erfährt, dass er sie für das tollste Mädchen im ganzen Universum hält.

❋ ... wenn er sie manchmal zu einer Verabredung mit seinen Freunden mitnimmt.

Mal ganz ehrlich, so schwer ist es doch gar nicht, ein Lächeln auf die Lippen von einem Mädchen zu zaubern. Denn Jungs, die die Kniffe im Umgang mit Mädchen beherrschen, sind ganz schnell die absoluten Kings.

FEHLER-SUCHE

Wenn es Stress gibt

Ein Mädchen gleicht
mitunter einem äußerst empfind-
lichen seismografischen Meldegerät:
Minimalste Erschütterungen, die ein
Junge niemals wahrnehmen würde, bringen den Programmablauf ins Stottern.
Na dann mal ran an die Ursachen-
forschung!

WAS IST, WENN SIE ZICKT?

Nicht immer sind Störungen im Pubertätsprogramm oder einfach nur miese Laune dafür verantwortlich, dass du dich am Nordpol wohliger und geborgener fühlen würdest als in Gegenwart (d)einer Freundin. Das Schlimme daran: Mädchen wissen manchmal selber nicht genau, warum sie so schlecht drauf sind. Fest steht jedoch: Sie haben in solchen Situationen gerne einen Sündenbock, an dem sie alles auslassen können, was sie nervt.

Manchmal reicht es auch, wenn ein Junge die Erwartungen seiner Freundin nicht perfekt erfüllt, und schon geht sie in die Luft. Mädchen sind nämlich mit einem aktiven Vulkan vergleichbar. Und genauso wenig wie es Vulkanforschern gelingt, den nächsten Ausbruch vorauszusagen, genauso scheitern Jungs daran, herauszufinden, warum ein Mädchen vor Wut glüht. Oft genügt ein falsches Wort oder ein falscher Blick, damit es sich in den Schmollwinkel verzieht. Selbst das falsche Fernsehprogramm an einem Kuschelabend bringt es fertig, dass ihm die Laune komplett verdorben ist. Aber glücklicherweise sind Mädchen nicht nur schnell stinksauer, sondern im gleichen Turbotempo wieder zuckersüß. Vorausgesetzt, ein Junge kennt die richtigen Strategien, um kleine Zicken zu zähmen. Deshalb sind hier die schlimmsten Schmollsituationen von Mädchen aufgelistet und wie Jungs ganz locker damit umgehen können.

Alles zu spät!

Schmollsituation: Mädchen schaffen es immer wieder, dass sie einen Jungen dazu bringen, sich komplett für sie abzuhetzen! Obwohl du genau gewusst hast, dass du nach Tennistraining und Mannschaftsbesprechung nur mit dem Raumschiff Enterprise in der Lage bist, rechtzeitig bei ihr zu landen, lässt du dich trotzdem auf eine Zusage ein. Ergebnis: Du hetzt mit heraushängender Zunge so durch die Straßen, dass jeder hechelnde Hund vor Neid erblassen würde. Auf Mitleid ihrerseits darfst du allerdings nicht hoffen, wenn du verschwitzt und einem Kreislaufzusammenbruch nahe mit letzter Kraft ihrem wutentbrannten Blick entgegenrobbst. Nur gut, dass die Zeiten des Nudelholzes vorbei sind, denn sonst würde sie dir selbiges garantiert über dein unschuldiges Haupt ziehen.

Schmeicheltaktik: Um sie wieder zu einem Lächeln zu bewegen, hilft nur noch eins: Du musst zu Kreuze kriechen! Das wird dir nicht besonders schwer fallen, denn du liegst ja sowieso schon vor Erschöpfung am Boden. Von hier unten aus heißt es also um Vergebung zu winseln. Wenn du dabei noch versprichst, dass das nie, nie, nie wieder vorkommen wird, kannst du sie schließlich doch noch weich kochen. Ganz einfach, weil sie es liebt, wenn du ihr ab und zu mal Recht gibst, auch wenn sie ganz genau weiß, dass sie Mrs. Unfair ist. Schließlich können Mädchen durchaus die Uhr lesen und auch mit geringem Mathesachverstand die Zeit, die man zum Zurücklegen der Entfernung zwischen A und B braucht, ausrechnen.

Blind für Beauty

Schmollsituation: Du versuchst schon den ganzen Tag, sie anzurufen. Zu Hause geht niemand ans Telefon und per Handy kannst du höchstens ihre Mailbox zutexten. Nicht einmal auf deine verzweifelten SMS reagiert sie! Während du vor Sorge – und natürlich vor Eifersucht – kurz davor bist, den Notruf zu wählen, steht sie plötzlich mit ihrem strahlendsten Lächeln in der Tür. Logisch, dass du jetzt keine Lust mehr hast, sie gleich in die Arme zu nehmen. Dich interessiert nämlich viel mehr, wo sie eigentlich ge-

steckt hat. Falsche Frage, denn das gibt gleich einen dicken Minuspunkt auf ihrem Launekonto. Wie im Zeitraffer zerfällt ihr Lächeln auf den Lippen in eine wütende Grimasse. Und alles nur, weil du nicht bemerkt hast, dass sie ihre Lieblingsboutique geplündert hat und komplett neu eingekleidet ist.

Schmeicheltaktik: Wenn Mädchen sich ein neues Outfit kaufen oder eine andere Frisur zulegen, steckt meistens ein Junge dahinter. Mädchen lieben es nämlich, sich für ihn aufzustylen, weil sie ihn beeindrucken möchten. Und obwohl sie normalerweise Weltmeisterinnen im Vorausahnen sind, streikt hier ihr sechster Sinn. Sie wollen nicht sehen, dass sie ihrem Schwarm gefallen. Sie wollen es hören! Dabei beträgt die Reaktionszeit für einen Jungen allerhöchstens fünf Sekunden.

Wenn du also diese Zeit nicht nutzt, um sie mit Komplimenten zu überschütten, erntest du böse Blicke. Da hilft nur noch, ihr deine Sorgen zu erklären. Dramatische Schilderungen von deinen Anrufen bei allen Kliniken im Landkreis sowie die Abweisung deines Vermisstengesuchs bei der Polizei werden ihr angeknackstes Selbstbewusstsein schnell wieder aufmöbeln. Weil sie weiß: Schön finden kann ein Junge schließlich viele Mädchen. Aber ernsthaft Gedanken machst wahrscheinlich nur du dir um sie, weil du sie wirklich magst.

Verguckt!

Schmollsituation: Ihre Freundin platzt mitten in ein Date! Dabei kommt sie anscheinend auch noch frisch vom Friseur und sieht aus, als wenn sie auf dem Weg zu ihrem ersten Foto-Shooting für eine Modelagentur wäre. Klar kannst du dir einen bewundernden Blick nicht verkneifen! Leider registriert das auch deine Freundin. Selbst wenn sie hundertmal weiß, dass Jungs Augenmenschen sind, und auch wenn ihr tausendmal klar ist, dass du dich nicht Knall auf Fall in eine andere verliebst, nur weil diese beim Friseur war, ist Eiszeit angesagt!

Schmeicheltaktik: Hier heißt es für dich: Retten, was zu retten ist. Und zwar schnell! Ist sie nämlich erst einmal richtig eifersüchtig und nagt der Zahn des Zweifels an ihren Nerven, sorgst du nur mit Endlosgesprächen und langen Liebesschwüren wieder für gute Laune! Noch besser: Das Kompliment für die andere entkräften. Sagst du ihr also, dass die Frisur der Freundin zwar toll war, aber auch nicht von ihren schlecht sitzenden Jeans ablenken könne, lächelt sie garantiert wieder. Weil manche Mädchen genau wie Jungs immer konkurrieren müssen. Nur geht es bei ihnen dabei nicht um die größte Muskelmasse, sondern um das beste Aussehen.

Gar nicht lächerlich!

Schmollsituation: Sie erzählt dir wutentbrannt, dass sie nicht ins Kino gehen kann, weil ihre Eltern sie zum Babysitting bei den kleinen Geschwistern verdonnert haben. Du amüsierst dich über ihren Kummer, weil du genauso gerne mit ihr einen Abend vor dem Fernseher verbringst oder mit dem kleinen Bruder Autoquartett spielst! Doch das Lachen wird dir schnell vergehen – spätestens wenn das erste Kissen in deinem Gesicht landet! Denn wenn sie eines hasst, dann die Tatsache, dass sich jemand über sie lustig macht.

Schmeicheltaktik: Es hilft nichts, wenn du beteuerst, dass du nicht über sie lachen wolltest. Doppelte Überzeugungsarbeit ist jetzt notwendig. Weil sie nicht nur auf ihre Eltern, sondern auch noch auf dich sauer ist! Setzt du rasch eine Extraportion Weichspüler ein, läuft mit ihr alles garantiert ganz schnell wieder wie geschmiert. Wenn du ihr nämlich erzählst, dass der Kinofilm bald schon auf Video rauskommt und es doch viel romantischer sei, ihn ganz alleine zu zweit anzusehen, bist du sowieso auf der Gewinnerspur.

Freundin oder Fußball?

Schmollsituation: Eigentlich warst du ja nur ganz locker mit ihr verabredet. Logisch, dass sich kein schlechtes Gewissen bei dir meldet, als deine Kumpels vor der Tür stehen und dich mit aufs Fußballfeld schleifen! Doch statt jubelnder Zuschauer taucht sie dort kurze Zeit später wie der personifizierte Racheengel auf. Weil sie selbst eure lockere Verabredung als verbindliche Zusage eingestuft hat! Und weil Mädchen generell nur schwer darauf kommen werden, dass es für Jungs (manchmal) Wichtigeres gibt, als ihre Zeit mit ihrer Freundin zu verbringen.

Schmeicheltaktik: Hinter ihrem Verhalten steckt nichts anderes als die pure Eifersucht. Während sie also noch überlegt, ob dir der Fußball wirklich wichtiger als sie selbst ist, kannst du ihr leicht den Wind aus den Segeln nehmen. Tipp: Renn zu ihr hin oder winke ihr zu und zeige, dass du dich super über ihren Besuch freust. Das schmeichelt – besonders vor deinen Kumpels. Reicht das nicht aus, darfst du sie ruhig weiterschmollen lassen! Nach dem Spiel ist es noch früh genug, die Situation mit einem ruhigen Gespräch wieder in den Griff zu bekommen. Denn auch wenn sich ein Junge auf den »Planet Girl« wagt, heißt das noch lange nicht, dass er alle Verbindungen zur Außenwelt kappen muss.

Ärger runterschlucken!

Schmollsituation: Sie hat dich zum Essen eingeladen – für dich eigentlich nichts Besonderes, da du schon häufiger bei ihr warst und der einzige Vorteil eurer gemeinsamen Nahrungsaufnahme darin besteht, dass ihr so mehr Zeit miteinander verbringen könnt. Dass dieses Mal ihre Eltern nicht da sind, bemerkst du nicht und beim Anblick der Kerzen auf dem Tisch fragst du, ob der Strom ausgefallen ist! Wenn du dann die selbst gemachte Pizza hungrig runterschlingst und auch noch meinst, dass es inzwischen wirklich tolle Tiefkühlkost gibt, sinkt ihr Laune-Barometer auf den

Nullpunkt. Schließlich hat sie den romantischen Abend mit Candlelight-Dinner lange genug geplant und sogar ihr Taschengeld geopfert, um den Eltern Kinokarten zu schenken und für sturmfreie Bude zu sorgen.

Schmeicheltaktik: In so einer Situation ist alles bereits angebrannt. Der einzige Vorteil: Wenn Mädchen total enttäuscht sind, neigen sie dazu, nicht lautstark auszuflippen, sondern sich lieber beleidigt in den Schmollwinkel zurückzuziehen. Für dich heißt es deshalb nun, sie davon zu überzeugen, dass du deine Gemeinheiten wirklich nicht ernst gemeint hast. Da hilft nur, sie lieb in die Arme zu nehmen, zu trösten und dich für deine Trampeligkeit zu entschuldigen. Worte wie: »Ich hätte nicht gedacht, dass du dir so viel Mühe für mich gibst. Aber das finde ich supertoll!« wirken mehr als jede witzige Bemerkung. Coole Sprüche sorgen höchsten dafür, dass du zielsicher auch in das nächste Fettnäpfchen trittst.

Achtung, Clique!

Schmollsituation: Sie steht in deinem Zimmer und ihr Gesichtsausdruck wirkt wie schockgefroren! Weil sie nicht damit gerechnet hat, dass du außer ihr auch noch den Rest deiner Clique eingeladen hast. Wenn sie dann deine Kumpels nur von hinten sieht, weil diese vor der Spielekonsole sitzen, auf den Controllern herumklicken und sich bei einem Formel-1-Game wilde Verfolgungs-jagden auf dem Bildschirm liefern, läuft sie schreiend weg. Dumm ge-laufen, denn vermutlich ist ein klei-nes Miss-verständnis Ursache für ihre Flucht. Sie hatte garantiert fest damit gerechnet, mit dir alleine zu sein.

Schmeicheltaktik: Nichts wie hinterher! Wenn du sie jetzt im Regen stehen lässt, kannst du damit rechnen, dass sie diejenige ist, die dich später nass macht. Un-nötig, denn mit einem kleinen Kompromiss killst du den Ärger auf der Stelle. Wenn du erklärst, dass du nur schnell mit den Kumpels ein paar Games spielst und den Rest des Tages oder Abends dann ungestört mit ihr verbringen willst, erstickst du ihren Kummer bereits im Keim. Schließlich will sie nicht als Meckerziege rüberkommen, die ständig findet, dass deine Freunde fehl am Platz sind.

Coole Nummer

Schmollsituation: Eben hast du mit ihr noch total viel Spaß gehabt, doch dann biegen deine Kumpels um die Ecke. Wenn du dich dabei vom lustigen Freund in ein unnahbares Alien verwandelst, vergeht ihr garantiert das Lachen. Sie versteht einfach nicht, dass du Sekunden vorher so getan hast, als sei sie das tollste Mädchen auf der ganzen Erde. Und plötzlich verhältst du dich, als hättest du sie noch nie zuvor gesehen. Dabei behandelst du sie noch fieser als die Mathelehrerin dich, wenn die dir verkündet, dass du das Schuljahr leider wiederholen musst. Eigentlich kein Wunder, dass du nach so viel Coolness keine heißen Blicke mehr von ihr erntest.

Schmeicheltaktik: Du ahnst es womöglich – in solchen Fällen ist es völlig normal, dass ein Mädchen sauer reagiert. Weil sie natürlich annimmt, dass du nur mit ihr spielst und vor deinen Freunden dann dein wahres Gesicht zeigst. Sie hat keinen blassen Schimmer davon, dass du sie mit deiner unnahbaren Art nur vor dummen Sprüchen deiner Freunde schützen willst.

Dass Mädchen jegliches Verständnis für so ein Verhalten fehlt, liegt einfach nur daran, dass sie in der gleichen Situation komplett anders ticken. Statt sich den neuen Freund unsichtbar zu wünschen, würden sie am liebsten eine große Fete organisieren, wo alle Freundinnen ihn dann auf einem Präsentierteller bewundern dürfen. Ehrlichkeit ist dann die einzige Waffe, mit der Jungs Mädchen wieder besänftigen können. Hilfreich: Erkläre ihr, was die coole Nummer zu bedeuten hatte. Und viel wichtiger: Versprich ihr, sie zum nächsten Date mit deinen Kumpels mitzunehmen. Weil sie dann weiß, dass du wirklich zu ihr stehst.

FUNKSTÖRUNGEN

Mädchen kommen von der Venus, Jungs vom Mars! Es gibt viele Theorien darüber, warum Frauen und Männer aneinander vorbeireden. Wissenschaftler haben sich deshalb darangemacht, das weibliche und das männliche Kommunikationsverhalten näher zu untersuchen. Vor allem in den letzten 15 Jahren haben viele Studien überraschende Ergebnisse geliefert. Hier sind die typischen Unterschiede:

Was soll das Gerede?

Mädchen: Sie wollen in ihrer Meinung bestätigt werden. Mädchen, die mit Jungs quatschen, suchen hauptsächlich auch nach Übereinstimmungen. Weil sie wissen wollen, ob er gut zu ihr passt. Und weil sie natürlich durch ihr Interesse zeigen, dass sie den anderen mögen.

Jungs: Bewundert zu werden, ist eines der Hauptziele von Jungs in einer Unterhaltung. Deshalb prahlen sie auch häufig, dass sie mindestens so gut wie Oliver Kahn im Tor sind oder ihnen die coolsten Jumps auf der Halfpipe gelingen. Ansonsten quatschen Jungs, um Informationen auszutauschen. Hat der Chemielehrer davon gesprochen, morgen einen Test zu schreiben? Oder trifft sich die Clique um fünf Uhr zum Billardspielen?

Worüber wird gequatscht?

Mädchen: Sie lieben es, über ihre Freunde und Freundinnen zu reden, ohne dabei bösartig zu sein. Mädchen quatschen natürlich auch über Beauty oder Mode und natürlich über Stars, für die sie schwärmen oder die sie nicht abkönnen.

Jungs: Sport und Hobbys sind ihre Hauptthemen. Weil man(n) sich da einfach super in Szene setzen kann und am Können der anderen seine eigenen Leistungen messen will.

Probleme wälzen!

Mädchen: Sind sie im Stress oder haben sie Kummer, scheuen sie sich nicht, mit Freunden darüber zu quatschen. Weil sie sicher sind, dass andere ihnen bei der Lösung ihrer Probleme helfen können.

Jungs: Geht es ihnen schlecht, ziehen sie sich komplett zurück. Um in der Clique nicht als Versager zu erscheinen, neigen Jungs dazu, ihre Probleme wie ein Einzelkämpfer zu lösen.

Mädchen sind beim Small Talk top

Jungs können überhaupt nicht kapieren, warum Mädchen ständig über Promis quatschen müssen. Egal, ob der Soap-Star eine neue Liebe hat oder die Pop-Prinzessin grauenvoll in ihrem Bühnen-Outfit aussah! Gequatscht wird, was das Zeug hält. Es hat keinen Sinn, sich darüber ärgern, denn die Lust auf Klatsch und Tratsch scheint Mädchen angeboren zu sein. Weibliche Embryos sollen bereits im Mutterleib ihre Kiefer bis zu 30 Prozent häufiger bewegen als männliche. Wissenschaftler haben den Frauen außerdem ganz besonders auf den Mund geschaut. Ergebnis: Sie sagen im Schnitt 23 000 Wörter pro Tag. Männer sind dagegen richtig stille Wasser mit durchschnittlich 12 000 Wörtern täglich.

Knack den Code!
Dein Guide für gute Gespräche

Schluss mit den Zeiten, in denen Jungs nur mit den Schultern zucken, weil sich ein Mädchen um Kopf und Kragen redet. Mädchen denken und fühlen nicht nur anders, sie benutzen auch eine andere Sprache. Hier folgt deshalb eine praktische Übersetzungshilfe, damit Jungs endlich kapieren, was Mädchen eigentlich meinen.

DER ICH-MAG-DICH-CODE

* **Sie sagt:**
  Ich habe gerade keinen Freund!
* **Sie meint:**
  Gefalle ich dir?

* **Sie sagt:**
  Kennst du den neuen Film mit Matt Damon?
* **Sie meint:**
  Ich würde gern mit dir ins Kino gehen.

* **Sie sagt:**
  Eigentlich finde ich Fußball langweilig. Aber euer Spiel war echt gut.
* **Sie meint:**
  Ich würde sogar zugucken, wenn du mit deinen Kumpels Murmeln-Wettkugeln spielen würdest.

* **Sie sagt:**
  Mir ist kalt.
* **Sie meint:**
  Würdest du mich wärmen?

DER LASS-MICH-BESSER-IN-RUHE-CODE

❋ **Sie sagt:**
Du bist wie ein Bruder für mich.
❋ **Sie meint:**
Ich finde dich totlangweilig.

❋ **Sie sagt:**
Ich hab zurzeit den Oberstress.
❋ **Sie meint:**
Verschwinde jetzt endlich, bevor eine meiner Freundinnen dich mit mir sieht.

❋ **Sie sagt:**
Ich bin noch nie mit einem Jungen aus meiner Klasse zu einer Party gegangen.
❋ **Sie meint:**
Mit dir würde ich mich nicht mal verabreden, wenn du der einzige Junge im gesamten Sonnensystem wärst.

❋ **Sie sagt:**
Lass uns Freunde sein.
❋ **Sie meint:**
Ich will viel lieber wissen, was dein bester Kumpel an Mädchen mag und ob ich Chancen bei ihm hätte.

DER BEZIEHUNGS-CODE

* **Sie sagt:**
  Wir brauchen ...
* **Sie meint:**
  Ich will ...

* **Sie sagt:**
  Mach, was du willst.
* **Sie meint:**
  Das wirst du später bereuen.

* **Sie sagt:**
  Wir müssen miteinander reden.
* **Sie meint:**
  Ich muss dir was erklären.

* **Sie sagt:**
  Ich bin nicht sauer.
* **Sie meint:**
  Und ob ich sauer bin, du Trottel!

* **Sie sagt:**
  Findest du, dass ich zugenommen habe?
* **Sie meint:**
  Sag mir sofort, dass ich toll aussehe!

* **Sie sagt:**
  Mit dir kann man sich überhaupt nicht
  vernünftig unterhalten.
* **Sie meint:**
  Gib mir endlich Recht!

* **Sie sagt:**
  Hörst du mir überhaupt zu?
* **Sie meint:**
  Vergiss es, es ist zu spät!

DER FREUNDSCHAFTS-CODE

❋ **Sie sagt:**
Ja.
❋ **Sie meint:**
Nein.

❋ **Sie sagt:**
Nein.
❋ **Sie meint:**
Nein.

❋ **Sie sagt:**
Vielleicht.
❋ **Sie meint:**
Nein.

❋ **Sie sagt:**
Ich hab ein Geräusch gehört. Sind das deine
Eltern?
❋ **Sie meint:**
Erheb dich endlich von der Couch und sieh
nach.

❋ **Sie sagt:**
Ich muss noch schnell Zahnpasta kaufen,
kommst du mit?
❋ **Sie meint:**
Auf dem Weg zur Drogerie muss ich noch
schnell in den Schuhladen. Und dann hab
ich da noch so ein tolles Top gesehen, das
ich dringend anprobieren will.

DER ICH-MACHE-SCHLUSS-CODE

* **Sie sagt:**
  Lass uns Freunde bleiben.
* **Sie meint:**
  Auch wenn wir nicht mehr zusammen sind,
  darfst du dich weiter darum kümmern, dass
  mein PC problemlos läuft.

* **Sie sagt:**
  Ich bereue keine Minute mir dir.
* **Sie meint:**
  Ich bereue jede Sekunde mit dir.

* **Sie sagt:**
  Ich muss mich jetzt einfach mal wieder auf
  die Schule konzentrieren.
* **Sie meint:**
  Jede langweilige Chemieformel auswendig
  zu lernen, bringt mir mehr Spaß als mit dir
  zusammen zu sein.

* **Sie sagt:**
  Irgendwie haben wir uns wohl zum falschen
  Zeitpunkt kennen gelernt.
* **Sie meint:**
  Wenn ich keinen Besseren finde, melde ich
  mich vielleicht wieder mal bei dir.

* **Sie sagt:**
  Ich brauche mehr Zeit für mich.
* **Sie meint:**
  Ich will auch noch andere Jungs kennen
  lernen.

* **Sie sagt:**
  Ich hab 'ne Menge von dir gelernt.
* **Sie meint:**
  Such dir endlich eine andere, bei der du den
  Oberlehrer spielen kannst.

DER ICH-WILL-DICH-NICHT-MIT-MEINER-FREUNDIN-VERKUPPELN-CODE

✳ Sie sagt:
Mit ihr kannst du Pferde stehlen.
✳ Sie meint:
Vergiss die ruhigen Wochenenden als Couch-Potatoe. Mit ihr ist Biken, Bladen oder Wandern angesagt – Hauptsache, Action!

✳ Sie sagt:
Sie könnte glatt als Model durchgehen.
✳ Sie meint:
Sie ist mindestens 1,75 m groß und außerdem spindeldürr.

✳ Sie sagt:
Sie hat es total raus, sich zu stylen.
✳ Sie meint:
Eineinhalb Stunden im Bad sind viel zu kurz für sie, ständig will sie shoppen gehen und zu Verabredungen kommt sie ohnehin immer zu spät.

✳ Sie sagt:
Sie versteht Jungs.
✳ Sie meint:
Sie hat andauernd andere Typen.

✳ Sie sagt:
Sie ist total temperamentvoll.
✳ Sie meint:
Sie wird dir wegen jeder Kleinigkeit die Hölle heiß machen und so laut zoffen, dass es auch noch drei Häuserblocks weiter entfernt zu verstehen ist.

* **Sie sagt:**
Sie ist sehr einfühlsam.
* **Sie meint:**
Sie will ständig wissen, was du denkst.

* **Sie sagt:**
Bei ihr ist immer was los.
* **Sie meint:**
Ihre Freundinnen stehen bei ihr ständig auf
der Matte.

* **Sie sagt:**
Sie bringt Power in jede Party.
* **Sie meint:**
Sie tanzt auf dem Tisch und flirtet, was das
Zeug hält.

* **Sie sagt:**
Sie ist supertreu.
* **Sie meint:**
Wenn du einer anderen hinterhersiehst, gibt
es eine Riesenszene.

RISIKEN

Racheengel im Anflug

Eines darf ein Junge
mit einem Mädchen niemals tun:
Es mit einer Barbie-Puppe verwech-
seln, die man sich hinbiegt, wie es gerade
passt. Und dann in die Ecke knallen, weil
plötzlich andere Interessen wieder
wichtiger erscheinen. Dann zeigen
Mädchen Jungs die rote Karte!

GEFAHR
IN VERZUG!

Wer sich so langsam an die Aliens vom anderen Stern herangetastet hat und per Übersetzungshilfe auch immer genau im Bilde darüber ist, was Mädchen eigentlich meinen, wenn sie reden, kann mit ihnen eine Menge Spaß haben. Tolle Freundinnen, die zupacken, wenn Not am Mann ist, oder die einem selbst mitten in der Nacht zuhören, falls es Stress gibt – kein Problem. Aber hallo: Es kann richtig unangenehm werden, wenn Mädchen sich schlecht behandelt, verletzt oder gar gedemütigt und abserviert fühlen. Dann werden Mädchen zu wahren Rachemeisterinnen.

Die harmlosesten Varianten ihrer Wut bekommen Jungs dabei überhaupt nicht zu spüren. Viele Mädchen lieben es nämlich, sich aus Kerzenwachs kleine Voodoo-Puppen zu basteln, die sie mit Mutters Nähnadeln piesacken und dann – am besten mit einem Stein beschwert – im städtischen Freibad oder im Weiher um die Ecke versenken. Weil verletzte Mädchen aber zu richtigen Hexen werden können, haben sie noch andere Gemeinheiten in ihrem Racherepertoire. Darauf sollten Jungs gefasst sein, wenn sie einem Mädchen übel mitspielen:

Intrigen spinnen

Warum gucken ihn plötzlich alle so komisch an?
Selbst seine Kumpels scheinen einen großen Bogen
um ihn zu machen. Und wenn er per Telefon das
nächste Wochenende plant, erhält er statt Infos zur
Action nur Ausreden. Plötzlich hat keiner mehr Zeit.
Das kann weder daran liegen, dass sein Deo versagt
noch dass er den Elfmeter zum Klassenerhalt seiner
Fußballmannschaft gegen die Latte geballert hat. Viel
eher hat ein Mädchen dafür gesorgt, dass er auf einmal unten durch ist. Wer nachhakt und vielleicht doch
einen Kumpel findet, der ihm steckt, was Sache ist,
wird blass bei den Bosheiten, zu denen verletzte Mädchen fähig sind. Vielleicht hat sie erzählt, dass sie ihn
in der Umkleide eines Kaufhauses erwischt hat, wie
er Frauenkleider anprobiert hat. Oder sie unterstellt
ihm, dass sie ihn Händchen haltend mit einem anderen Jungen gesehen hat. Im Erfinden von äußerst fiesen
Geschichten sind verletzte Mädchen nämlich Weltmeisterinnen.

Anonyme Attacken

Mädchen, die von einem Jungen schlecht behandelt worden sind, können ohne einen Funken schlechten Gewissens auch richtig feige sein. Eine der Lieblingsaktionen sind anonyme Anrufe zu den unmöglichsten Zeiten. Gehen mitten in der Nacht seine entnervten Eltern ans Telefon, melden sie sich unter falschem Namen und wollen den Sohn dringend sprechen. Logisch, dass Vater und Mutter dem missratenen Sprössling Saures geben, weil seine Süßen die Nachtruhe stören. Verteidigung ist zwecklos, denn dann müsste er ja auch seine eigenen Bosheiten beichten. Obwohl technische Spielereien nicht zu den Vorlieben von Mädchen zählen, sind sie doch fit im Umgang mit Handys und SMS. So können sie ihn in den unpassensten Augenblicken – mitten in der Klassenarbeit oder beim Videoabend mit den Freunden – mit anonymen Anrufen stören. Die Absenderin wird unbekannt bleiben, weil auch Mädchen wissen, wie sie ihr Handy auf inkognito schalten können. Beliebt bei beleidigten Mädchen: Seine Mailbox mit unsinnigen SMS zumüllen, damit ständig sein Speicher voll ist. Da hilft nur eins: Handy ausschalten und sich eine neue Nummer zulegen.

Rache aus dem Web

Der Gipfel der Gemeinheit, um ihn bei anderen Mädchen schlecht zu machen: Mädchen richten sich auf einem Freemail-Server eine Mail-Adresse unter seinem Namen ein. Das geht komplett anonym, ist aber umso wirksamer. Denn dann können die Rachehexen fiese Mails an andere Mädchen schicken – natürlich mit seinem Namen. Bevor er überhaupt darauf kommt, dass ihm übel mitgespielt wird, heißt es bei den meisten Mädchen für ihn garantiert: Game over!

Zickenstrategien
gegen böse Buben

Mädchen werden sich garantiert rächen, wenn er ...

✱ ... mit ihr auf eine Party geht und sie mit einer anderen verlässt.

✱ ... vor seinen Kumpels von Knutschereien mit ihr prahlt, obwohl sie ihn abblitzen ließ.

✱ ... sich nur deshalb an sie ranmacht und ihr die Sterne vom Himmel verspricht, weil er sie als Shuttle zu ihrer besten Freundin benötigt.

✱ ... mit seinen Freunden darum gewettet hat, dass er sie rumkriegt.

✱ ... sie vor anderen bloßstellt und beispielsweise über ihre Figur lästert.

✱ ... im Freibad ihr Bikini-Oberteil versteckt und das zum Brüller in der Clique wird.

✱ ... sich ständig bei ihr ausheult und sie links liegen lässt, sobald seine Probleme gelöst sind.

GEWUSST WO ...

... gewusst wie!

Toll, wenn sich Jungs mit Mädchen richtig gut auskennen. Doch was bisher reine Theorie ist, muss natürlich auch in die Praxis umgesetzt werden. Dazu ist es natürlich wichtig, die Locations zu orten, an denen Mädchen zu finden sind, und sie mit den passenden Worten zu umgarnen.

„ÖRTLICHKEITEN"

Zur richtigen Zeit am richtigen Ort, heißt die Devise. Testläufe für Erkundungen der besten Örtlichkeiten sind dringend erforderlich, damit die ersten Dates nicht als Wackelkontakt enden. Entscheidend ist außerdem das richtige Umfeld für die ersten Versuche beim Flirten und um Freundinnen zu finden. Denn genauso, wie ein Auto beim Testen seiner Aerodynamik einen Windkanal benötigt, wirkt sich eine angenehme Atmosphäre positiv auf die ersten Aktionen mit dem Noch-Alien aus. Neben Partys, Disco oder Schule gibt es nämlich noch ein paar andere Orte, an denen man sich mit ein bisschen Phantasie und frechen Sprüchen ganz gut beschnuppern kann ...

Vor der Tanzschule

Mädchen lieben vom Ballett bis zum Hip-Hop-Kurs alles, was mit Musik und Tanzen zu tun hat. Ein Telefonat mit der örtlichen Tanzschule genügt, um die Kurszeiten herauszufinden. Sobald die Versuchsobjekte das Gebäude verlassen, bist du mitten drin im Trainingslager. Einziger Nachteil: Die Mädchen tauchen meistens im Rudel auf. Deshalb besser einen Freund mitnehmen und mit Verstärkung den ersten Versuch starten. Vorsicht mit allzu coolen Sprüchen. Also sich lieber nicht als Kammerjäger auf der Suche nach Ballettratten ausgeben, sondern besser fragen, ob auch Jungs in den Kursen zugelassen sind. Dabei könnt ihr euch gleich für die nächste Stunde verabreden.

Im Supermarkt

Jungs mähen den Rasen, Mädchen gehen einkaufen. Solange die klassische Rollenverteilung in den Familien eingehalten wird, gibt es massenhaft Mädchen, die voll gestopfte Tüten aus den Läden schleppen. Beliebt machen sich Jungs auf den ersten Blick, wenn sie ihr die schwere Last mit einem Lächeln auf den Lippen aus der Hand nehmen und anbieten, alles für sie nach Hause zu tragen. Damit ist nicht nur der erste Kontakt, sondern auch eine Cola obendrauf garantiert.

Vor dem Bike-Shop

Die hilfsbereite Tour ist nach wie vor top, um bei Mädchen anzukommen. Deshalb lohnt es sich auch, ab und zu mal den Fahrradladen zu belagern. Einsatz ist gefragt, sobald ein süßes Mädchen sein Fahrrad mit einem Platten Richtung Werkstatt schiebt. Also nichts wie hin und ran an ihr Rad. Nachdem du das Malheur mit fachkundigem Blick untersucht hast, bietest du ihr an, den Schaden zu reparieren. Dabei machst du dir höchstens deine Hände schmutzig, die Finger verbrennst du dir dafür aber garantiert nicht. Und damit die Luft zwar schnell in ihrem Fahrradschlauch drin ist, aber euch nicht gleich wieder ausgeht, verabredest du dich mit ihr zu einer Radtour am nächsten Wochenende.

Auf der Shopping-Meile

Wer nach Mädchen sucht, knackt einfach ihren Freizeit-Code. Was machen Mädchen am liebsten, wenn sie nicht gerade Soaps gucken? Sie hängen in den angesagtesten Shops ab und durchforsten die Läden nach den neuesten Trends. Weil mit kleinen Komplimenten der Kennenlernfaktor enorm hoch ist, reicht es, sich hinter sie zu stellen! In dem Augenblick, in dem sie ein Outfit kritisch beäugt, sagst du, dass ihr das Teil garantiert super stehen wird. Falls ihr die Kohle für die Klamotte fehlt, wird sie zumindest den Jungen als echtes Schnäppchen betrachten und so schnell nicht wieder laufen lassen.

In der Bibliothek

Von wegen stinklangweilig. Hier staubt es nicht nur aus alten Büchern, sondern auch beim Flirten. Mädchen lieben Lesen, freuen sich aber genauso darüber, wenn ein netter Junge sie bei ihrer Lektüre stört. Anquatschen ist ziemlich einfach: Ein kurzer Blick auf den Buch- oder Zeitschriftentitel genügt, und du hast gleich ein Thema, das sie garantiert interessiert. Extra-Tipp: Achte auf Mädchen, die in Schul- oder Lehrbüchern schmökern. Garantiert bereiten sie ein Referat oder eine Klassenarbeit vor. Für Jungs heißt das: Kontakt gesichert – ganz einfach, weil du ihr anbieten kannst, ihr beim Lernen zu helfen. Logisch, dass die nächste Verabredung für euch dabei gleich steht.

In der Eis-Bar

Hier finden Jungs die ganz Süßen. Praktisch, dass coole Mädchen meistens im Doppelpack in Eis- oder Milchbars auftreten. Also spricht nichts dagegen, wenn du auch nicht alleine auf die »Jagd« gehst, sondern einen Kumpel zur Unterstützung mitnimmst. Und weil alles reine Geschmackssache ist, fragst du dein auserwähltes »Opfer« einfach nach ihrer Lieblingseissorte. Besonders freche Jungs erarbeiten sich erste Punkte auf ihrer Sympathieskala, wenn sie einfach fragen, ob sie mal probieren dürfen. Anstelle einer kleinen Eisprobe gibt's aber ein Küsschen auf die Wange mit dem Kommentar: »Absolut mein Geschmack! Ich hab's doch gleich gewusst!« Aber unbedingt vorher überlegen, ob das dem Mädchen wirklich gefällt!

Im Schwimmbad

Super für neue Kontakte: Das Hallen- oder Freibad. Dort stehen die Mädchen Schlange, weil sie wissen, dass Schwimmen das perfekte Training für eine tolle Figur ist. Beim Plantschen kann man sich außerdem ganz locker mit spritzigen Sprüchen kennen lernen. Und: Jungs treffen im Schwimmbad meistens nur auf richtig gut gelaunte Mädchen. Weil sie einfach Spaß in den Fluten haben und weil ein Mädchen, das schlecht drauf ist, lieber in ihren eigenen vier Wänden als im Spaßbad abtaucht.

DIE RICHTIGE RICHTIG ANFLIRTEN

Was nutzt das Wissen um super Orte voll von süßen Mädchen, wenn die Stimmbänder verknotet und die Zunge gelähmt ist. Doch Pech: Leider warten die meisten Mädchen immer noch darauf, dass Jungs den ersten Schritt machen. Mit frechen Sprüchen, auf die Mädchen abfahren, legt sich die Nervosität schnell.

Die Top Five der Kennenlern-Sprüche

1 Hallo, ich mache eine Umfrage für ein Meinungsforschungsinstitut. Würdest du mit einem Jungen wie mir eine Cola trinken?

2 Ich weiß, es gibt tausende von tollen Jungs auf der Welt. Aber nur einer schaut gerade nicht Fußball.

3 Kannst du mir sagen, wie spät es ist? Dann kann ich mich immer genau an den Zeitpunkt erinnern, an dem ich dich das erste Mal gesehen habe.

4 Ich bin neu in dieser Stadt. Sind wir am Ende Nachbarn?

5 Ich hab meine Telefonnummer verloren. Kannst du mir deine geben?

Wer ein Mädchen näher kennen lernen will, sollte einen Blick mehr riskieren und nicht nur ihre Optik abchecken, sondern auch auf Hinweise achten, die etwas über ihre Art und ihre Charaktereigenschaften sagen. Ist sie selbstbewusst, sportlich oder schüchtern? Für jeden Typ braucht man die eigene Strategie.

Flirttypen

DIE SELBSTBEWUSSTE

Sie trägt die Nase immer ein wenig oben, ohne dabei arrogant zu wirken. Ihre Stärke: Sie hat keine Angst davor, bei Jungs den ersten Schritt zu machen. Dabei powert sie nicht mit plumper Anmache, sondern setzt vor allem auf Ausstrahlung und Blickkontakt. Ein leichtes Lächeln, ein freches Zwinkern und schon hat sie es geschafft, dass Jungs ganz locker auf sie zukommen können. Ihr Outfit: Je nach Laune Jeans und T-Shirt oder auch mal richtig aufgestylt mit knappem Top, XXS-Mini und High-Heels.

Das mag sie an Jungs: Nicht die coole Machotour, sondern Jungs, die ganz locker drauf sind und es nicht nötig haben, mit obercoolen Sprüchen Eindruck zu schinden. Am allerbesten kommen Jungs bei ihr an, die einfach normal drauf sind, Spaß haben und nicht auf Teufel komm raus versuchen, sie aufzureißen. Denn sie hat es nicht nötig, mit ihrer Beute bei ihren Freundinnen zu prahlen. Wer von ihr ein Lächeln bekommt, sollte deshalb auch nicht lange zögern. Weil sie damit zeigt, dass sie wirklich interessiert ist.

DIE SCHÖNE

Outfit und Optik sind ihr wichtig. Sie hat eine Nase für alles, was neu ist, und kann stundenlang über Mode und Beauty reden. Das sind ihre Hobbys, genau wie andere Tennis spielen oder tanzen gehen. Weil sie Shoppingtouren über alles liebt, wird sie manchmal als etwas unterbelichtet abgestempelt. Alles nur ein Vorurteil: Schließlich geht es bei anderen sportlichen Hobbys auch nicht um intellektuelle Höchstleistungen.

Das mag sie an Jungs: Nur weil sie eine Beauty-Queen ist, geht sie noch lange nicht als leichte Beute durch. Sie stellt nämlich nicht nur Ansprüche an Äußerlichkeiten, sondern checkt die Jungs durchaus auch auf ihre Charakterqualitäten ab. Dabei macht ein Junge mit durchtrainiertem Körper und coolem Outfit bei ihr zwar durchaus schneller das Rennen. Entpuppt sich sein modisches Aussehen aber nur als leere Hülle, ist er genauso fix wieder weg vom Fenster. Flirts laufen trotzdem über Fashion & Co. Wer bei diesen exzessiven Einkaufstrips eisern an ihrer Seite ausharrt, hat ihr Herz beinahe schon gewonnen.

DIE SPORTLICHE

Meistens an ihrer Vorliebe für Jeans und Sneakers zu erkennen. Mit denen tobt sie sich selbst in der Disco auf der Tanzfläche aus, während andere Mädchen auf gewagten Stöckelschuhen bereits mit einem Bein im Gips stecken. Weil sie immer in Action ist, gehört sie zu den absoluten »Spaß-Girls«. Mit ihr kann man genauso gut Berge raufklettern und Fahrradtouren unternehmen wie faul auf einer Wiese liegen und Blumen zählen.

Das mag sie an Jungs: Um mit ihr mithalten zu können, müssen ihre Flirtfavoriten genauso sportlich sein wie sie. Mit Prahlen und Protzen kann kein Kerl bei ihr landen. Er muss ihr schon zeigen, dass er wirklich Power hat. Imponieren können ihr dabei Jungs, die unkompliziert und einfallsreich sind. So beeindruckt sie garantiert kein Junge, der sich in Papas Cabrio zur nächsten Party chauffieren lässt. Steht er allerdings auf Inlineskates vor ihrer Tür, um sie zur Disco abzuholen, kommt auch ein Flirt ganz schnell ins Rollen.

DIE SCHLAUE

Auch wenn sie nicht immer eine Formelsammlung mit sich herumträgt und mit Einsteins Tochter wenig Ähnlichkeit hat, checken Jungs schnell, dass sie hier Mrs. Superhirn vor sich haben. Sie versteht es nämlich, richtig schön abfällig auf Jungs runterzublicken. Wenn ihr einer mit einem coolen Spruch imponieren will, hat er schon verloren. Weil sie garantiert einen noch cooleren Spruch parat hat, mit dem sie ihn in jedem Fall mundtot macht.

Das mag sie an Jungs: Mit wem sie sich über Gott und die Welt unterhalten kann, der hat allerbeste Chancen. Und dann entpuppt sie sich als äußerst liebenswertes Mädchen, mit dem er eine Menge Spaß haben wird und das auch in Stresssituationen nicht gleich die Flucht ergreift.

DIE SCHÜCHTERNE

Schwierig, denn ihr Markenzeichen ist ihre Kunst, sich beinahe unsichtbar zu machen. Vermutlich liest sie gern und viel und redet mit Vorliebe über Bücher. Nie würde sie beispielsweise Outfits tragen, welche die Freundinnen in den Schatten stellen. Ihre zurückhaltende Art verzögert leider auch einen Flirt mit ihr. Denn wenn ein Junge sie näher kennen lernen will, schiebt sie erst mal die Freundin vor, um zu sehen, ob er nicht doch mehr auf sie abfährt.

Das mag sie an Jungs: Alles, was nicht aufdringlich ist. Wenn sie einen Jungen kennen gelernt hat, freut sie sich mehr über eine liebe SMS als über die Einladung zu einer Party. Sie braucht Zeit, um sich daran zu gewöhnen, dass ein Junge wirklich an ihr interessiert ist. (Stillere) Jungs, die auch gerne und am besten sogar die gleichen Bücher wie sie lesen, die sich auf die sanfte Tour hartnäckig zeigen, sie täglich anrufen und nicht sofort auf ihrer Matte stehen, haben gute Chancen, ein schüchternes Mädchen für sich zu gewinnen.

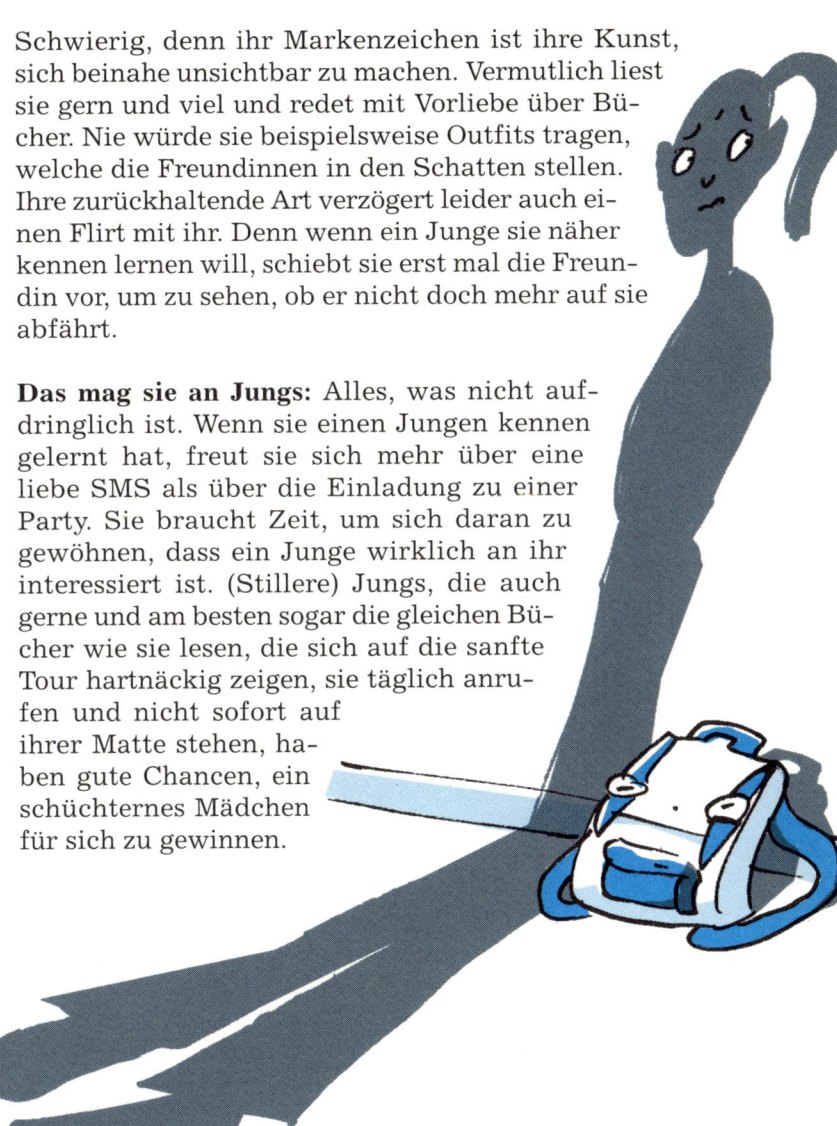

WENN'S NICHT MEHR PASST

Sich trennen

Manchmal passiert es:
Nach einem »Testlauf« stellst du
fest, dass du dich »vergriffen« hast und
an die Falsche geraten bist. Wichtig ist
trotzdem, dass du deinen »Ausrutscher«
möglichst sanft und schonend – also
fair – loswirst.

SCHEIDEN TUT WEH

Du hattest dich für ein Mädchen entschieden. Ihr beide hattet euch füreinander entschieden. Ihr hattet viel Freude und Spaß miteinander. Doch plötzlich stellt einer von euch oder ihr beide fest, dass ihr nicht mehr klarkommt. Wenn es sich so ergibt und alle Rettungsversuche gescheitert sind, heißt es: Verbindung kappen.

Schluss, aus, vorbei: Wann eine Beziehung am Ende ist

Irgendwie hast du keine Lust mehr, sie zu sehen. Selbst bei Minusgraden und strömendem Regen könnten dich deine Kamikazekumpels eher dazu überreden, mit ihnen auf den Fußballplatz zu gehen, als dich zusammen mit ihr auf die Couch zu kuscheln. Wenn Gespräche nicht dafür sorgen, dass sich die guten Gefühle wieder einstellen, solltest du als Konsequenz den Beziehungsstecker ziehen. Bevor ihr euch weiter miteinander durch die Liebe quält, ist es besser, mit klaren Worten dem Drama ein Ende zu machen. Damit beide wieder aufatmen können und frei für neue Freunde sind.

Sanfter Break:
Wie man eine Beziehung beendet

Ganz klar: Fairness ist das oberste Prinzip, eine Freundschaft vernünftig zu beenden. Also Finger weg von falschen Versprechen wie ein »Ich ruf dich an« zum Abschied, nur um direkt danach in der Versenkung zu verschwinden. Solche Kurzschlussaktionen sorgen zwar im ersten Moment für Ruhe, aber ihre Rache wird kommen. Wer also nicht sein Handy abmelden möchte und durch die Intrigen eines verletzten Mädchens zum Superloser in der Clique werden will, bevorzugt die ehrliche Tour. Dabei musst du ihr nicht gleich um die Ohren hauen, dass du sie ätzend findest und wie sehr sie dich langweilt. Schließlich willst du ihr nur beibringen, dass das Haltbarkeitsdatum für deine Gefühle offensichtlich überschritten wurde. Das geht ganz einfach mit lieben Worten, bei denen sie spürt, dass du sie trotzdem magst, auch wenn dein Herz nicht mehr in Flammen steht.

Wo ist der Ausschalter?
Wenn sie sich nicht abservieren lassen will

Leider gibt es auch Mädchen, die sich trotz aller Deutlichkeit nicht abschütteln lassen. Sie bombardieren dich weiter mit Anrufen und schrecken auch nicht davor zurück, deiner neuen Freundin aufzulauern, um ihr die schlimmsten Storys über dich zu erzählen. Was dahinter steckt: Die Hoffnung, dass du dich vielleicht doch geirrt hast und reumütig zu ihr zurückkehrst. Dass sie dich und deine Gefühle falsch versteht, liegt meistens daran, dass der Schlussstrich zwischen euch etwas dünn ausgefallen ist. Setz dich also noch einmal mit ihr zusammen und mach ihr klar, dass es keine zweite Chance gibt. Überlege, ob es vielleicht sinnvoll ist, die Kummerkastentante aus eurer Clique einzuschalten.

Was ist, wenn das Herz für eine andere zu schlagen anfängt?

Eigentlich bist du mit deiner Wahl total happy, doch plötzlich taucht ein anderes Mädchen auf. Mit den Mädchen ist es manchmal wie mit der Computer-Hardware: Man will immer das Neueste, was gerade auf dem Markt ist. Vorsicht also! Wer es sich mit seiner Freundin nicht verscherzen möchte, darf zwar mal genauer hinsehen, »Testfahrten« sind aber absolut tabu – du weißt inzwischen über Racheengel Bescheid. Es sei denn, in der Beziehung ist bereits der Wurm drin und du bist sowieso auf der Suche nach einer neuen Freundin. Dann gehe zurück zum Punkt »Sanfter Break: Wie man eine Beziehung beendet«!

Die absoluten Don'ts nach dem Ende einer Beziehung

Den anderen verletzen ist fies. Wann sich Jungs zurückhalten sollten, wenn sie mit ihrer Freundin Schluss gemacht haben:

❋ **Geh nicht** auf Partys, auf denen sie auch sein könnte.

❋ **Auch wenn** du eine ihrer Freundinnen toll findest – bagger sie nicht an!

❋ **Lästere nicht** über ihre Schwächen bei deinen Kumpels ab.

❋ **Wenn du** ihr zufällig über den Weg läufst, sag freundlich: »Hallo!«

❋ **Selbst wenn** ihr beschlossen habt, Freunde zu bleiben! Bombardiere sie nicht gleich mit Anrufen, sondern überlasse den Zeitpunkt ihr, an dem sie sich melden wird.

DAS DICKE ENDE ?

Jetzt ist es so weit, du kannst tief Luft holen und dich ganz entspannt auf das Abenteuer Mädchen einlassen. Alle Geheimnisse um diese aufregende Spezies sind gelüftet – bis auf die klitzekleinen Eigenheiten, die letztendlich das Mädchen, für das du dich entscheidest, doch zu etwas ganz Besonderem machen. Und du kannst dich auf jede Menge Spaß freuen, wenn du in die aufregende Welt des »Planet Girl« eintauchst und dein Glück bei den ersten Erkundungsstreifzügen versuchst. Damit du bei deiner Kontaktaufnahme mit den Aliens vom anderen Stern aber nicht »feindliches Gebiet« streifst, helfen diese Tipps zu einem Happy End.

Alle Mädels in einen Topf?

Nee, nee, das funktioniert nicht. Auch wenn du jetzt mit einer ganzen Menge Hintergrundinfos beim Baggern voll durchstarten kannst, ist eine Bauchlandung (leider) nicht ausgeschlossen. Schließlich ticken Mädchen zwar in vielen Bereichen gleich, doch die individuellen Unterschiede machen sie ja erst richtig aufregend. So gibt das eine Mädchen einen super Kumpel ab, während bei einem anderen plötzlich die Schmetterlinge im Bauch senkrecht starten. Das liegt wahrscheinlich weniger an dem Mädchen als an dir und deinen Erwartungen, die du an eine Freundin stellst. So brauchen manche Jungs ein Mädchen an ihrer Seite, mit dem man sprichwörtlich die »Pferde stehlen kann«, während andere einen ruhenden Pol bevorzugen. Dabei kann es natürlich sein, dass die Freunde von Jungs, die eher den burschikosen Typ bevorzugen, gleich heftig vom Leder ziehen und latente Homosexualität unterstellen. Ganz klar: In solchen Situationen sollten die Ohren auf Durchzug gestellt sein, denn nur du alleine kannst entscheiden, welches Mädchen deinen Ansprüchen gerecht wird. Und: Vielleicht steckt hinter solchen Lästereien einfach nur eine kleine Portion Neid. Weil die Kumpels sich insgeheim auch eine Freundin wünschen, die in der Beziehung ihren »Mann« steht!

Bloß nicht unter Druck setzen lassen!

Deine Kumpels prahlen wie die Weltmeister mit ihren Erfahrungen beim Flirten? Wer sich hierbei eher zurückhält, wird schnell ausgelacht? »Hat er etwa noch nie ...?« – »Ist er der totale Spätzünder?« – »Steht er etwa auf Jungs oder ist er bloß ein Loser?« Solche Attacken können ganz schön nerven und verleiten schnell dazu, sich heiße Storys auszudenken. Das ist vollkommen okay, denn was die Freunde erzählen, muss ja auch nicht der Wahrheit entsprechen. Wichtig ist nur, dass Jungs nicht auf den Druck von außen eingehen und mit der Brechstange auf Beutezug gehen. Genauso, wie sich Gefühle nicht auf Knopfdruck erzeugen lassen, gibt es auch das Traumgirl nicht auf Bestellung. Und so lange ist es absolut in Ordnung, die Kumpels mit starken Storys über die eigenen Aufrisskünste zufrieden zu stellen. Positiver Nebeneffekt: Was du in deiner Phantasie schon einmal durchgespielt hast, lässt sich leichter in die Realität umsetzen.

Stressige Eltern – nein, danke!

Es gibt sie einfach, Väter und Mütter, die sich gleich einmischen, wenn es um die Auswahl der Freundin geht. Durchsetzen ist angesagt, weil du bei dieser Entscheidung »voll geschäftsfähig« bist und dir nicht einmal deine »Vorgesetzten« in der Familie reinreden dürfen. Das solltest du deinen Eltern immer klarmachen. Am besten funktioniert das, wenn du neben Verantwortungsbewusstsein Entschlossenheit demonstrierst und ihnen erklärst, warum du dich gerade für ein bestimmtes Mädchen entschieden hast. Zähl ihre Vorzüge auf und überzeuge die Erwachsenen davon, dass Ängste unbegründet sind. So befürchten viele Eltern, dass ihre Söhne vor lauter Mädchenstress die Schule vernachlässigen könnten. Gegenargument: Sie ist ein Mathe-Ass und sorgt dafür, dass du dich in diesem Fach verbessern wirst. Ganz wichtig: Wer sich an Abmachungen hält und beispielsweise Ausgehzeiten nicht überzieht, genießt schnell das volle Vertrauen der Eltern.

Für alle, die nicht genug bekommen

Mit Illustrationen von Alexander Weiler

Ab 12 Jahren

Nie mehr pleite!
Cornelia Emilian · Antje Schweitzer
128 Seiten · ISBN 3 522 17504 2

Klassenbeste(r) in 4 Wochen
Karin Kampwerth
128 Seiten · ISBN 3 522 17506 9

Clique & Co.
Karin Kampwerth
128 Seiten · ISBN 3 522 17505 0

Flirten
Karin Kampwerth · Corinna Streng
128 Seiten · ISBN 3 522 17540 9

Bye, bye, Liebeskummer
Karin Kampwerth
128 Seiten · ISBN 3 522 17681 2

Voll gut drauf
Karin Kampwerth
128 Seiten · ISBN 3 522 17690 1

Schnapp ihn dir!
Karin Kampwerth
128 Seiten · ISBN 3 522 17768 1

So überlebst du die Schule
Karin Kampwerth
128 Seiten · ISBN 3 522 17769 X

So ticken Jungs
Corinna Streng · Oliver Hilf
128 Seiten · ISBN 3 522 17539 5

THIENEMANN